大阪商業大学比較地域研究所研究叢書　第十一巻

転換期を迎える
東アジアの企業経営

組織イノベーションと戦略転換

●

孫　飛舟　編著

御茶の水書房

はしがき

近年、東アジアの日中韓三ヵ国の企業経営が非常に注目を浴び、多くの研究がなされるようになっている。その背景には、グローバルの舞台で二〇〇〇年前後から顕著になった日本企業の後退と韓国企業、中国企業の躍進に代表される東アジアにおける企業経営の「主役交代」が挙げられる。既に多くの書物ではこの主役交代についての様々な分析、議論がなされている。本書が掲げている東アジアにおける企業経営の「転換期」については、これまでの主役交代に関する諸議論を踏まえた上で、主に以下の諸側面で問題提起を行い、一定の示唆を行いたい。

まず、主役交代に「成功」した韓国企業や中国企業は、本当にこれまでに組織面、戦略面で抱えていた「後進」的な部分を消去できたかどうかである。もし、その後進的な部分を消去できずに引きずったまま主役へと躍り出たのであれば、いずれそれ自体が新たな環境変化の際に足かせとなる可能性があり、今後の成長を大きく阻害してしまうことになる。この点について、本書の第三章「韓国財閥の組織体制と企業戦略」及び第七章「中国多国籍企業の経営倫理に関する一考察」では分析が行われ、一定の示唆が得られる。

次に、主役から「後退」した日本企業は、日本型生産方式という世界で注目を浴びる卓越した組織能力を持っているにもかかわらず、なぜ転落してしまったのか。日本型生産方式はもう時代遅れになったのか。もし、そうでなければ、一体何が凋落の原因なのか。この点について、本書は「標的市場」という切り口で分析を行い、第五章「中国における日系自動車メーカーの販売網構築と課題――4S店モデルの導入と修正を中心に」で新興国の中国における日系自動車メーカーの事例研究を通じて標的市場の捕捉を怠った日本企業の問題点を指摘した。

そして、躍進を続けていた新興国の企業も今はまさに次なる「転換期」を迎えているのである。躍進している間に、次の成長のために必要な組織能力、戦略転換、ビジョンづくりを講じないと、突然の環境変化によってそれまでの躍進からすぐに凋落へと変わってしまう危険性がある。第六章「中国の輸出加工型企業の経営問題に関する一考察――合俊集団の事例を通じて」では、このような成功から失敗へと変わってしまった中国企業の事例を取り上げて、その失敗原因を分析する。

さらに、これまでの東アジアの企業経営を巡る議論は製造業を対象とした分析がほとんどである。娯楽産業、サービス産業といった新たな競争優位が獲得できる産業についてもっと分析する必要があると指摘しなければならない。最近、アジアを中心に韓国の映画産業、娯楽産業がかなり健闘している。でも、つい二〇年ほど前までは日本の映画産業、娯楽産業がアジアを席捲していた。このソフト・パワーの変化も東アジアにおける企業経営の主役交代をもたらす大きな一因である。本書の第四章「映画ビジネスの日韓比較」では、日韓両国の映画産業を取り上げて比較分析を行う。また、日本におけるサービス業の新たな動きについて、第二章「スーパーホテルにおける組織イノベーション――『ビジネスモデル』の視点から」では、ホテル業界で最近注目を集めている「スーパーホテル」の事例を取り上げて、従来の製造業企業の分析と異なる新たな視点からその競争優位を分析する。

本書は、純粋な理論研究ではなく、事例分析を中心とした実証研究の域にある。その意味で、取り上げた事例が「特殊な事象」であり、企業経営の全般に一般化できない部分が含まれている。本書の第一章「グローバル競争時代のビジネスモデル」にも触れられたように、かつてソニーやトヨタ自動車などの一部の日本企業の成功事例がモデル化され、その組織、戦略が学習の対象なった。今日、それに取って代って韓国のサムスンが注目されるようになっている。企業経営に関する研究は、やはり特定の代表的な企業に関する研究が理論のベースとなっている。成功事例は一つの「ビジネスモデル」となり、その他の企業はこのビジネスモデルへの近似化、あるいは差別化を図ることによって組織能力の強化、競争優位の獲得を行うほかならない。そういった意味で本書は複数の産業の事例を取り上げ、成功事例と失敗事例を含む幾つかのビジネスモデルを提起したと言える。

東アジアの国々は、資源、技術、市場等の面において相互補完関係にある部分も少なくない。残念ながら、本書ではこの相互補完関係の視点に立った議論をすることがほとんどできなかった。例えば、最近、日本企業と台湾企業がタグを組んで中国市場へのアプローチを行っている。サムスン電子の液晶テレビが多く売れれば売れるほど日本の素材メーカーが忙しくなる。このような相互補完、相互連携という新たな視点から東アジアの企業経営を分析することを今後の課題として取り組んでいきたい。

本書の着想、執筆から出版に至るまで大阪商業大学比較地域研究所から多大なご支援とご協力をいただいた。紙面を借りて、執筆者一同を代表して深く御礼を申し上げたい。御茶の水書房の小堺章夫氏にも大変ご尽力いただいて、感謝を申し上げる。なお、本書の記述等にかかわるすべての責は執筆者に帰する。

二〇一〇年一二月

執筆者を代表して　孫　飛舟

転換期を迎える東アジアの企業経営

目次

目次

転換期を迎える東アジアの企業経営

——組織イノベーションと戦略転換

第一章　グローバル競争時代のビジネスモデル

中橋國藏

一　はじめに

昨今の金融危機後の世界経済において、先進国の経済成長が鈍化するなかで、中国やインドをはじめとする新興国は引き続き成長を謳歌し、ますますその存在感を高めている。日本経済が復活し、新たな成長軌道に乗るためには、これらの新興国の経済発展とともに歩む必要がある。

しかし近年、日本経済の国際的な地位は低下する一方である。その主因は日本企業の国際競争力の低下である。典型的には、かつて日本の経済成長をリードしたエレクトロニクス産業が多くの製品分野で世界市場シェアを大幅に落としていることに、その厳しい現実をみることができる（小川〔二〇〇九〕）。その大きな原因は、技術のデジタル化によってエレクトロニクス製品のアーキテクチャが擦り合わせ型からモジュラー型へ転換したのに、日本企業がそれに対応できていないことにあると言われている。

また、日本企業の国際競争力が低下した理由を「ガラパゴス化」という揶揄的な表現で論ずることもよく行われている（宮崎〔二〇〇八〕、吉川〔二〇一〇〕）。これまでの日本企業は巨大で豊かな日本市場と一部の欧米市場に焦点をあて、高品質多機能の製品を開発することで競争優位を獲得してきた。その成功体験で学習した製品開発や事業展開の方法が日本企業の体質となってしまった。しかし、高品質多機能の日本製品は新興国の多くの消費者にとっては過剰品質・過剰性能になっている。日本企業が新興国市場で成功するためには、過去の成功の方程式を改めなければならないと分析されているのである。

かくて、いまや広く認識されているように、日本企業にとって喫緊の課題は、グローバル市場で競争優位を獲得するのに適切な、新しいビジネスモデルを構築することである。この課題を解決するための手がかりをえようとして、すでに多くの優れた研究が展開されている。欧米や韓国、台湾などの代表的企業の成功例の分析が行われており、少数ではあるが日本企業の成功事例も取り上げられている。

本稿では、それらの先行研究の成果や議論をわれわれの考えるビジネスモデルの枠組みを用いて整理するとともに、成功事例に対して経営戦略論や製品アーキテクチャ論の視点から検討を加えることにしたい。

二　ビジネスモデル

企業の存在意義は、競合他社との競争のなかで事業活動を展開し、顧客にとって価値のある製品（やサービス、以下同様）を創造し顧客を満足させて競争優位を獲得すると同時に、そのような製品の創造に必要な資源（ヒト、モノ、カネ、情報など）の提供者すなわち従業員や取引先、株主などのさまざまな利害関係者をも満足させて、社会的価値を創造することにある。企業の経営戦略とは、このような社会的存在意義を発揮するように、自社の営むべき事業活動を決定する問題にほかならない。

それでは、自社が営むべき事業活動は、何を決めれば明らかになるであろうか。これは、「事業の定義」の問題として研究されてきたものであるが、最近では「ビジネスモデル」の問題として論じられるようになっている（中橋〔二〇〇八〕）。

事業の定義についての研究によれば、自社の営むべき事業を明確にするためには、①誰に対して（標的顧客、who）、②どんな価値の製品を（顧客価値、what）、③どのようにして創造するか（価値創造システム、how）を決めねばならない。そして、ビジネスモデルという概念は、③のなかに、さらに④売上拡大と利益確保の仕組み、すなわち「儲ける仕組み」を組み込むべきであることを強調するものである。われわれはこの四つの要素を合わせたものを「ビジネスモデル」とよぶことにする。

企業が競争優位を獲得するためには、これらの四つの要素のそれぞれについて的確な意思決定を行い、的確なビジネスモデルを構築しなければならない。

言うまでもなく、ビジネスモデルの構築にあたっては次の二点に注意する必要がある。一つは、これらの四つの要素のあいだの整合性である。例えば、標的とする消費者の所得水準が高いか低いかによって、顧客価値と価値創造システムと儲ける仕組みは異なってくるのが普通である。もう一つは、ビジネスモデルと自社の経営資源や組織能力との整合性である。基本的には自社の強みを活かすようなビジネスモデルがよい。また、弱みがあれば、それを克服するための方策を考えねばならない。多くの日本企業は、技術力やブランド力は強いが、グローバル化では後れているという弱みをもっており、その克服を課題としている。

以下、これらの四つの要素のそれぞれについてより詳しく説明しながら、グローバル化に成功している企業の事例を分析することにしよう。

三　標的顧客

顧客となる買い手のニーズは一様ではないから、すべての顧客を同じ特性の製品で満足させることはできない。企業は、何らかの基準によって顧客をいくつかのセグメントに分け、どの顧客セグメントを標的とするかを決めねばならない。顧客の絞り込みである。もちろん、顧客セグメントを識別した上で、複数の顧客セグメントを標的とする戦略をとることもできる。

日本企業が新興国市場で標的顧客を決定しようとするとき、顧客が消費者であれば特にその所得水準が日本よりかなり低水準であることに注意する必要がある。新興国では日本市場と同じ価格水準の製品を購入できる顧客層は限られている。通常、十分な利益を確保するためには一定規模の販売量が必要であり、そのためには一般に、所帯数の集中しているいわゆるボリュームゾーンを標的とするのがよい。そして、新興国のボリュームゾーンの顧客を標的とするためには、日本市場向けの製品よりも低価格の製品を開発する必要がある。

例えば、ホンダは海外市場向けに低価格のオートバイを開発することによって、市場拡大に成功している。日本市場よりも低価格のオートバイを開発することで、低価格戦略をとる競合の中国企業に対して競争力を高め、標的とする顧客セグメントを拡げ、より多くの顧客を獲得することに成功しているのである（太田原〔二〇〇九〕）。

しかし、低価格化は必要であるが、最低限の価格を追求して新興国の最低所得者層にまで標的を拡げるのは、日本企業にとって適切な方法とは思われない。そもそも最低所得層市場では日本企業が現地企業に対して競争優位を獲得するのは容易でないし、最低価格品は日本企業のブランドを損なうおそれもあるからである。
また、販売量を増やすにはボリュームゾーンの所得層を標的とするのがよいが、新興国では国民の所得水準が急速に上昇する可能性があるから、現在のボリュームゾーンではなくて数年後のボリュームゾーンを考える必要がある。北川・海津〔二〇〇九〕は年収一万ドル程度の所得層に狙いをつけるのがよいとしている。

これに対して、新興国市場でも製品価格を特別に下げることはしない戦略をとることも可能である。その成功例の一つにヤクルトがある。同社は、世界の数十カ国に進出し、製品の独自性とヤクルトレディによる宅配という独特な販売網を構築することで成功を収めてきている。われわれの聞き取り調査〔二〇〇八年九月、ヤクルト・ベトナム〕によれば、進出後に撤退した海外拠点はないとのことであった。もちろん同社は闇雲に海外進出をしているのではなく、進出する海外拠点周辺で見込まれる顧客規模を十分に検討した上でそれを行っている。

同様に、新興国向けの特別な製品は開発しない戦略のやや極端なものとして、新興国に限らず、全世界の「富裕層」のみを標的とする戦略も考えられる。先進国のほうが富裕層の比率は大きいが、中国やインドのような新興国でも総人口が巨大であるから富裕層の人口はかなりの規模になる。飯塚〔二〇〇九〕は、世界には高価値・高価格の日本製の耐久消費財を買える富裕層が七億人もいるのであるから、日本企業がその強みを活かすためには、それらの富裕層に標的を絞ったほうがよいとしている。むしろ「ガラパゴス化」のなかに日本企業の生き残る道を追求する戦略である〔芦辺〔二〇〇九〕、北川・海津〔二〇〇九〕〕。ただし、飯塚が注意しているように、日本企業は富裕層を標的とするのに有効なマーケティング戦略を習得していないという課題を抱えている。

以上では標的顧客の絞り込みを中心に述べたが、韓国のサムスン電子は家電製品においてフルライン戦略をとって成功している〔北川・海津〔二〇〇九〕〕。フルライン戦略の意義については次の顧客価値の節で述べる。

四　顧客価値

一　顧客価値の計算式

顧客価値とは、顧客からみた製品の価値をさしている。標的とする顧客に自社製品を購入してもらうためには、自社製品が競合他社の製品よりも大きい価値をもつと顧客に評価されねばならない。顧客価値は、算術的には次式で計算できる。

> 顧客価値＝
> 製品の利用によって顧客が享受する便益（ＷＴＰ）－製品の購入や利用などのために顧客が負担するコスト

製品の利用によって顧客が享受する便益とは、製品の効用ないし使用価値に対する顧客の主観的な評価値である。それを価格であらわすとすれば、顧客が支払ってもよいと思う金額（ＷＴＰ：Willingness To Pay）にあたる。顧客は製品の購入決定にあたり、製品そのものの属性（品質、性能、デザインなど）だけでなく、入手の難易度、サービスや補完品の充実度、ブランドや企業の信頼度などを検討するであろう。また、製品の購入や利用に要する主要なコストは購入代価やランニングコストであり、したがって製品価格が顧客価値を決める重要な要因であることは言うまでもない。

顧客価値に関してまず重要なことは、製品の便益の大きさは顧客の評価基準のいかんによって決まることである。評価基準となるのは、顧客ニーズ、つまり顧客が当該製品に何を求めているかである。売り手の企業側が、高品質・

高性能だから高価値の製品だと考えても、顧客が自分の所得水準を考えて製品の価格を最重視し、品質・性能の高さをそれほど重視していなければ、顧客価値は低くなる。要するに、製品の価値は顧客の評価によって決まるのであるから、顧客ニーズを的確に捉えることが重要なのである。

前述した「ガラパゴス化」の議論は、日本企業には新興国の顧客ニーズを的確に捉えずに自分本位で製品開発を行う傾向があることを指摘したものである。ここに、日本企業が克服すべき大きな課題がある。

これに対して韓国のサムスンやＬＧは、新興国を中心に世界各地の市場の顧客ニーズを的確に捉えることによって日本企業を圧倒している（山崎・坂田〔二〇一〇〕）。韓国企業のグローバル化戦略は、特に新興国市場で製品の顧客価値を高めるには何が重要かを如実に示す事例をなしている。

二　サムスンのグローバル化戦略

サムスン電子で約一〇年間にわたり常務として勤務した吉川良三氏の記述（畑村・吉川〔二〇〇九〕）をもとに、サムスンのグローバル化戦略の要点を整理してみよう。

サムスンは、日本企業との競合を避ける意図もあって、市場を日本企業と競合しない新興国に求めた。そして新興国の消費者ニーズを徹底的に探ることによって、一方では、その国の消費者には過剰と思われる機能を取り除くことでコストを削減し、製品価格の低下を図った。他方では、それぞれの国の文化や消費者の生活態様から生まれてくる各国に特有の顧客ニーズを充足させるような特性をもつ製品を開発することで、製品の便益を高めた。例えば、インド市場向けにカギのかかる冷蔵庫やマルチリンガルなテレビを発売し、大ヒットさせている。このように、一方では過剰な品質や機能は低下させ、あるいは除去し、他方では重要な機能をより強化し、さらには新しい機能を付加することで、顧客価値を高めて競争優位を獲得する戦略は、キムとモボルニュが「ブルーオーシャン戦略」（Kim and Mauborgne〔二〇〇五〕）と名付けて提唱したものにあたっている。「ブルーオーシャン戦略」については後述する。

この戦略を実行するためにサムスンは三つのイノベーションを行っている。

一つ目はパーソナル・イノベーション（意識改革）である。同社は、各国の顧客ニーズを的確に捉えるために、「地域専門家」とよばれる人材を育成する制度を確立し、それをよく機能させている。地域専門家が、世界各地に散らばって、現地に根付いて生活することでその国の文化や人々の習慣や嗜好に精通し、現地の顧客ニーズを的確にキャッチしているのである。

二つ目はプロセス・イノベーションである。製品コストを削減するために、同社はまず、過剰な製品機能の見直しをもとに、より安価な代替部材を利用することで材料費を削減している。また、部材の現地調達を進めることで材料費とともに輸送費も削減している。さらに、サムスンでは三次元ＣＡＤの導入などを基礎にデジタル時代のもの造りシステムを確立し、開発や生産に関わるプロセスを大変革している。その結果、事業部間での部品共有化によるコスト削減を実現しただけではない。より重要なことは、開発期間の大幅な短縮によって多品種少量生産が可能になったことである。後述するように、開発期間を短縮すれば、開発コストを節減できるだけでなく、顧客ニーズをより的確に満足させることで顧客価値を高めることもできるのである。

三つ目はプロダクト・イノベーションである。同社会長の「人を動かすのはデザインである」という洞察をもとに、デザイン・センターを設けてデザイン重視の製品開発を行い、モノマネではない、オリジナルな製品の開発に邁進している。同じ製品でも多種多様なデザインがあるのがサムスンの一つの売り物になっている。機能を絞り込む一方で新しい機能や特徴を付加し、また魅力的なデザインの製品を開発することで、新興国をはじめとする世界各国の人々の多様なニーズを満足させようとしているのである。

三　「差別化と低コスト」の同時追求

サムスンにおける顧客価値の創造方法は、ポーター（Porter〔一九八〇〕）がその基本戦略論で主張した「差別化と低コストの両方を同時に追求すれば失敗する」という命題に対する反証例をなしている。

顧客価値の計算式からわかるように、顧客価値を高めるためには、顧客が享受する便益を大きくする製品を開発する（差別化）か、企業のコスト削減努力を通じて顧客が負担する購入価額や利用コストなどを低下させる（低コスト）か、あるいはその両者を同時に実現すればよい。この問題についてポーターは、差別化と低コストの両方を追求する「二兎を追う」戦略は失敗すると主張したのである。

しかし、すでに別稿（中橋〔一九九七ａ〕）で論じたように、ポーターの主張には論理的な問題があるだけでなく、いくつかの反証例をあげることができる。まず、論理的な問題は、差別化は顧客による製品価値の評価に関わるものであるのに対して、低コストは企業におけるコスト削減能力に関わるものであるから、両者は別次元をなしていることである。したがって、論理的には両者を同時追求することは可能なのである。

そして、次のような反証例がある。①日本企業では品質管理を通じて高品質を追求すると同時にコスト削減も実現している。②例えばトヨタ自動車では時間短縮（新車開発期間の短縮、生産サイクル時間や販売・流通サイクル時間の短縮）によって、顧客ニーズによりよく適合した製品をより低コストで開発し、また顧客の注文に対してより素早く応答すると同時に在庫削減によってコスト削減も実現している。③かつての電卓戦争でカシオとシャープが勝利した理由は、ローエンドの低価格低機能品からハイエンドの高価格高機能品までを取り揃えるフルライン戦略をとることによって、低コストと差別化の両方を実現したことにある。

サムスンにおける開発期間の短縮による多品種少量生産の追求や多様なデザインの多種多様な製品の販売は、この反証例の②と③に相当するといってよい。

四　ブルーオーシャン戦略

キムとモボルニュが提唱する「ブルーオーシャン戦略」も、上記のポーター命題に対する反証例をなしている。そして、新興国市場の開拓のためにサムスンがとった戦略はブルーオーシャン戦略として捉えることができる。

ブルーオーシャン（青い海）とは、競争のない市場空間を意味している。企業は、顧客を獲得しようとして、顧客が評価基準にしていると思われるさまざまな要因（品質や性能、価格など）のそれぞれについて自社製品に独自性を出そうとしている。例えば、ある企業は高品質高価格の高級品を追求し、他の企業は低品質低価格の普及品を追求する。しかし問題は、実際には高級品戦略をとる企業間で製品特性に大きな違いがなくなり、普及品戦略をとる企業間でも同様なことが起こっていることである。つまり、どの企業も、競争が激しくて利益をあげるのが難しい「レッドオーシャン」で事業を展開することになっているのである。「ブルーオーシャン」戦略とは「レッドオーシャン」から抜け出すための戦略であり、それは次のようにして展開される。まず、顧客価値を高めるのに必要だと考えられてきたさまざまな製品属性や機能についてよく検討する。そして重視しなくてもよいものと重視すべきものとを識別し、前者については思い切って低下させるか取り除き、後者についてはそれを増強する。さらに、これまでまったく考慮していなかった機能を付加する。このようにすれば、コストを削減すると同時に、自社製品を競合他社の製品から大きく差別化することが可能なのである。

このブルーオーシャン戦略は、まさしくサムスンが新興国市場で追求してきた戦略であると言える。新興国市場の消費者の所得水準や製品の使用体験などを考慮して、過剰品質や過剰性能を排除するとともに、各国の文化や生活態様によりよく応える特性を付加した製品を開発しているのである。

五　サムスンのグローバル化戦略の意義

楠木〔二〇〇七、二〇一〇〕によれば、ブルーオーシャン戦略が注目を浴びているが、その限界にも注意しなければならない。新しい価値次元を付加した新製品を開発し、差別化を実現したとしても、その価値次元の可視性が高く、特に技術的に測定可能なものであれば、競合企業によって模倣され易く、したがってその差別化あるいは競争優位は長続きしないことである。サムスンのグローバル化戦略にも、このような限界があるかもしれない。しかし、サムスンの事例は少なくとも、「ガラパゴス化」と揶揄されている日本企業のグローバル化の後れに対して、重大な反省を迫る事例をなすものとして、高く評価すべきである。

また、畑村・吉川〔二〇〇九〕は、サムスンをはじめとする韓国企業の課題は、製品開発プロセスの根幹をなす技術開発と開発設計を自前では行わずに、主に日本のメーカーからの借用で済ませてきたために、その側面での真の技術力が十分でないことにあると指摘している。しかしながら、収益性が低いために研究開発に充てる資金が不足している日本企業に比べて、韓国企業はその高収益性から生まれる資金を技術力の向上に充てることができるから、その将来的な技術力は決して侮ることはできない。

五　価値創造システムと儲ける仕組み

一　垂直統合度と企業間関係

価値創造システムの設計における基本問題は、顧客価値の創造に必要なさまざまな活動のうち、自社はどの活動に従事すべきかという活動範囲あるいは垂直統合度の決定と、自社の活動と他社の活動とをどのように結びつけるかという企業間関係の決定である。同時に、この価値創造システムのなかに売上拡大と利益確保の仕組みを組み込むことも重要な課題となる。

垂直統合度を高めることにはメリットとデメリットがある（中橋〔一九九七b〕）。自社の活動範囲を拡げて垂直統合度を高めれば、新しい活動に従事することになるから、供給源や販路の確保、機密保持などの占有の利益や、技術習得とそれによる新製品開発力の向上などの学習の利益を享受できる。また、従来の市場取引に代えて社内で組織による調整を行うことで、取引費用の削減や内部調整の利益などを享受できる。しかし他方において、新しい活動に従事するには新しい資源や能力が必要であり、それを獲得し育成するには時間と資金がかかる。それによって自己資本比率の低下や固定費比率の上昇を招けば、経営の安定性を損なうというデメリットを被る。また、市場取引をしなくなると市場で入手できる外部情報から遮断されるなどのデメリットもある。かくて企業は、垂直統合のこのようなメリットとデメリットを天秤にかけて、適切な垂直統合度を決定しなければならないであろう。

さらに、取引相手との関係のあり方が適切な垂直統合の程度に影響を及ぼす。もし取引相手を的確にコントロールできるならば、取引相手をあたかも自社組織であるかのように利用することによって、垂直統合度を高めなくても、垂直統合のメリットを享受できるであろう。例えば、日本の自動車メーカーは、企業単体としての垂直統合度は欧米企業よりも低いが、系列企業を中心に取引相手と長期継続的な関係をもつとともに、少数の供給業者間での競争を的確に刺激することによって（藤本〔一九九七〕）、それらの企業をコントロールし、かくて、垂直統合度は高くないにもかかわらず、事実上は垂直統合のメリットを享受し、それによって国際競争力を高めてきたのである。ここで注意しなければならないのは、長期継続的な関係に基づく企業間での活動の緊密で微妙な調整が、企業の競争力の向上に有効に働くかどうかは、製品アーキテクチャの如何によることである。すなわち、製品アーキテクチャが「擦り合わせ型」であれば、価値連鎖を構成する諸活動を相互に緊密に調整する必要があり、また緊密に調整することによって、より高機能の製品を開発、製造することができる。しかし、製品アーキテクチャが「モジュラー型」の場合には、活動間の調整はそれほど必要でなく、長期継続的な企業間関係はむしろマイナスに作用するかもしれない。

はじめに述べたように、日本のエレクトロニクス企業がその競争力を低下させているのは、製品アーキテクチャが擦り合わせ型からモジュラー型に転換したのに、それに対応できていないことに原因がある。

それでは、製品アーキテクチャがモジュラー型になると、特にグローバル競争の時代には、どのようなビジネスモデルが適切なのであろうか。以下では、まず製品アーキテクチャについて簡単な説明をしたあとで、グローバル競争時代のもっとも完成度の高いビジネスモデルだと評価されているインテルのモデルをみることにしよう。

二　製品アーキテクチャと垂直統合度

製品アーキテクチャとは、製品の部品分割と各部品に対する機能配分、および部品間のインターフェイス（繋ぎ方）に関する、基本的な設計思想であり、モジュラー型と擦り合わせ型に大別できる（藤本ほか〔二〇〇一〕）。モジュラー型アーキテクチャの製品では、各部品の機能がかなり完結的で、部品間のインターフェイスは比較的単純であるから、製品の機能を向上させるために部品を入れ替えても何ら問題は起こらない。代表的なモジュラー型の製品は最近のパソコンである。モジュラー型アーキテクチャで、各部品の機能とインターフェイスの仕様が公開されているものを、オープン・モジュラー型という。製品がオープン・モジュラー型であれば、各部品の開発や製造を別個の企業が行い、そしてまた別の企業がそれらの部品を組み合わせて、一定の機能水準をもつ製品を製造するという方法をとることができる。したがって、オープン・モジュラー型の製品に関わる企業では、その垂直統合度は低くなるであろう。

これに対して擦り合わせ型アーキテクチャの製品とは、機能群と部品群との関係が錯綜しているものであり、したがって、さまざまな部品の微妙な調整が必要である。そのために、擦り合わせ型アーキテクチャの製品については、垂直統合度の高い価値創造システム、あるいは長期継続的な企業間関係を基礎に事実上の高い垂直統合度を達成している価値創造システムをとるほうが適切である。代表例は乗用車である。

一般的に言えば、製品ライフサイクルの初期段階ではその事業に関わる技術革新の成果水準が低いために、顧客の要求水準に応えるには製品の性能を高めることが基本的な課題となる。そこでこの時期には、擦り合わせ型アーキテクチャをとるのが適切である。設計ルールに制約されずにさまざまな組み合わせを追求し、製品の性能向上を最大限に図ることができるからである。

しかし、ライフサイクルが成長段階に入ると、製品アーキテクチャは次第に擦り合わせ型からモジュラー型へ進化し、企業の垂直統合度は低下する。技術革新が進むと、モジュラー型アーキテクチャの製品でも顧客の要求水準を満たすことができるようになり、さらにアーキテクチャをモジュラー型にしたほうが、多様な顧客ニーズに対してより速く応えることができるからである。また、モジュラー型であれば、設計ルールの制約に従いさえすれば、各部品の開発・製造を自由に行うことができるので、価値連鎖の特定の部分に特化する多くの専門部品メーカーが生まれ、それらの企業間で激しい競争が行われる結果、技術革新が迅速かつ低コストで起こる。つまり、より大きな顧客価値をもつ製品を開発し易くなるのである。

三　企業の利益率とアーキテクチャの位置取り戦略

上述の議論は、業界全体としてのアーキテクチャ、あるいは最終製品のアーキテクチャを考察したものである。ここで、その製品を構成する部品のアーキテクチャは業界全体の支配的なアーキテクチャや最終製品のそれと必ずしも同じではないことに注意する必要がある。例えば、パソコンという最終製品はモジュラー型であるが、その部品をなすインテルのＭＰＵそのものは擦り合わせ型である。藤本〔二〇〇四〕は、日本企業の利益率はなぜ低いのかという問題意識から、自社の製品アーキテクチャと顧客のそれとの組合せを考え、それをアーキテクチャの位置取り戦略とよんでその利益率について検討している。自社を「内」、顧客を「外」とすると、次の四つの戦略がある。

①内擦り合わせ・外擦り合わせ

顧客製品と自社製品の両方が擦り合わせ型のケースである。自動車やオートバイの部品の大部分がこれにあたる。自社の売上が顧客製品の売上に大きく制約されているために量産効果をあげるのが難しく、また自社のコスト構造が顧客に知られていることが多いために、利益率は低くなる傾向がある。

②内擦り合わせ・外モジュラー

顧客製品はモジュラー型であるが、自社製品は擦り合わせ型であるケースである。インテルのMPU、シマノの自転車ギア、村田製作所のコンデンサーなどがその例である。外モジュラー（汎用品）であるので自社は量産効果を享受できるし、顧客は不特定多数なので自社のコスト構造を覗かれる心配も少ないので、利益率は高い。

③内モジュラー・外擦り合わせ

顧客製品は擦り合わせ型であるが、自社が販売する製品はモジュラー型であるケースである。このケースで高利益率を達成している日本企業として、デンソーやキーエンスがあげられている。擦り合わせ型の顧客製品に合わせて部品をカスタム化する必要があるが、これらの企業では部品の内部構造を工夫して、一部ではカスタム化を図りながら、一部では徹底的に共通化を追求しているのではないかと推測される。

④内モジュラー・外モジュラー

顧客製品も自社製品もモジュラー型であるケースである。ＤＲＡＭや汎用樹脂などがその例になる。製品や工程の質的な側面での差別化が難しい。競争優位を獲得するには、設備の規模や稼働率、あるいは事業の急速展開能力が重要になる。このケースは、概して日本企業に向いていないと藤本は分析している。

藤本によるこの分析は、特に、製品アーキテクチャがモジュラー型に変化したことで苦戦している日本企業がとるべき戦略に対して重要な示唆を与えている。つまり、収益性を高めるためには、「内擦り合わせ・外モジュラー」や「内モジュラー・外擦り合わせ」の位置取り戦略をとる必要があるのである。

四　インテルのビジネスモデル

小川〔二〇〇九〕によれば、モジュラー型の製品において、グローバル競争のなかで国際競争力を獲得するためには、国際標準化と比較優位の国際分業を活用したビジネスモデルを構築することが重要になる。

エレクトロニクス製品は、一九九〇年代中期に、デジタル技術のイノベーションによって、製品アーキテクチャが擦り合わせ型からモジュラー型へ転換した。そして、モジュラー型になった製品の規格がオープンに国際標準化されると、高度な技術力をもたない新興国の企業でも容易に高度なエレクトロニクス製品のサプライチェーンのなかに参入できるようになった。新興国企業が市場参入できたのは、技術力が低くても基幹部品の製造や組立ができるだけでなく、新興国のほうが賃金が安いことなどの理由からそれらの製品を低コストで生産できるからである。これが比較優位の国際分業とよばれる現象である。

それでは、モジュラー型アーキテクチャの製品において、国際標準化と比較優位の国際分業が進展するとき、高度な技術力をもつ先進諸国企業はどのようにして売上高を増大し利益を確保すればよいのであろうか。見事なビジネスモデルを構築した代表例としてインテルをあげることができる。

一九八一年に出荷されたＩＢＭの初代パソコンは擦り合わせ型であったが、クローズドなモジュラー型への転換を経て、仕様のオープン標準化が進められて「オープン・モジュラー型」になった。その結果、多くの企業がこの業界に参入し、ハードディスクやプロセッサなどの周辺機器のイノベーションが活発に行われ、それらの製品の低価格化と性能向上が図られた。しかし、オープン・アーキテクチャ化は、個々の企業にとっては独自領域を無くし、収益性を損なうものである。したがって企業が利益を確保するためには、自社の独自技術領域をブラックボックス化する必要がある。

インテルにおけるビジネスモデルの構築過程は、妹尾〔二〇〇九〕にしたがって簡単に説明すると次のようなものである（詳しくは、立本〔二〇〇九〕や小川〔二〇〇九〕を参照）。

ＭＰＵ（中央演算装置）のメーカーであるインテルは、まず、ＭＰＵの演算機能と外部機能とをつなぐバスについて徹底的な研究を行い、そのバスの内部技術を完全なブラックボックスに閉じこめた。これによってインテルのＭＰＵを他社が簡単に模倣するのは困難になるから、同社は利益を確保することができる。

同時にインテルは、自社のＭＰＵと外部の部品などをつなぐ接続部分のインターフェイスについては、プロトコール（公式手続き）を規格化し、さらにそれを国際標準として他社に公開した。これによって、上述の「内擦り合わせ・外モジュラー」の構造ができる。その結果、隣接・周辺・関連部品メーカーは、その標準規格に則って部品を開発するようになった。かくて、インテルのＭＰＵを前提条件として、完成品が設計される基盤が整備された。

次にインテルは、自社のＭＰＵが使われるとともに、パソコンそのものの製造が容易になり、かくてこの市場を大きく拡大する仕組みを考えた。その結果、自社のＭＰＵを組み込むマザーボードをつくるノウハウを開発した。このマザーボードがあれば、パソコンの組立は飛躍的に容易になる。そしてインテルは、このマザーボードを内製せずに、台湾のメーカーにそのノウハウを提供して製造させるようにした。台湾のメーカーのほうが低コストで製造できるからである。

以上のような仕組みを作った結果、パソコン市場は急速に拡大した。そして、パソコンが売れればマザーボードが売れ、マザーボードが売れるとインテルのＭＰＵが売れるのであるから、パソコン市場の急速な拡大はインテルのＭＰＵの急速な売上増をもたらした。

このようにインテルのビジネスモデルは、市場拡大と利益確保の両方を実現している。市場拡大は国際標準化と比較優位の国際分業によって実現され、利益確保は自社の独自技術のブラックボックス化によって実現されているのである。

五　インテルのビジネスモデルの日本企業への示唆

インテルのビジネスモデルは、擦り合わせ型アーキテクチャと相性のよい組織能力をもつとされる日本企業〔藤本〔二〇〇四〕〕に大きな勇気を与えるものである。

なぜならば、インテルの事例は、企業の利益源泉となるのは独自技術であり、その独自技術を模倣されないようにブラックボックス化するとともに、独自技術のイノベーションを継続的に行うことが競争優位を獲得し持続するための基本的な方法であることを、改めて認識させてくれるからである。自社の独自技術の革新によって製品性能の絶えざる向上を図ることができるのは、製品アーキテクチャがモジュラー型ではなく、擦り合わせ型の場合である。したがって、擦り合わせ型の製品アーキテクチャと相性のよい組織能力こそが持続的競争優位の源泉になるのである。

次に、インテルの事例は、グローバル競争の時代にはビジネスモデルの構築にあたって、製品を国際市場で広く普及させる段階までを考慮に入れる必要があることを示唆している。特に部品メーカーの場合には、部品を購入する直接顧客の開拓だけでなく、その部品が組み込まれた完成品を購入するエンドユーザーを開拓することが重要である。そのためには、例えばブランドづくりが重要である。部品メーカーではその直接の顧客が企業であったので、従来はブランド構築はそれほど重視されていなかった。しかし今後は、エンドユーザーのことを考えた製品づくり、ブランドづくり、そしてビジネスモデルの構築が、その重要性を増すことを認識しなければならない。

六　おわりに

本稿は、現代の日本企業の喫緊の課題はグローバル競争時代に有効なビジネスモデルを構築することであるという問題意識をもとに、そのようなモデル構築のための示唆を求めて、多くの研究者が取り上げている成功企業の事例を、ビジネスモデルの四要素を分析枠組みに用いて整理し、理論的な考察を行ったものである。グローバル化にある程度の成功を収めている日本企業についても簡単に触れたが、主要な研究対象としたのは、サムスンとインテルであった。

サムスンの事例は、日本企業が特に「ガラパゴス化」から脱却するための示唆と勇気を与えるものである。われわれは、同社の事例から、新興国市場を明確に標的顧客とし、その顧客から高い価値があると評価される製品を開発するにはどうすればよいかについて、大きな示唆を得ることができる。現地に根づいて生活することで現地の人たちのニーズを的確に把握できるような人材の育成、コスト削減と顧客価値の向上を同時に追求するブルーオーシャン戦略の展開、コスト削減のための緻密かつグローバルな視野でのプロセス・イノベーションの遂行、ユニークなデザインによる独自性の追求など、日本企業が学ぶべきことは多い。

なお、本稿では、サムスンの事例において、ビジネスモデルの四要素のうち、価値創造システムと儲ける仕組みについては論じることができなかった。この側面については、糸久・猪狩・吉川〔二〇〇九〕が研究しており、サムスンはアーキテクチャの位置取り戦略を転換することで高収益構造を作っていると分析している。

インテルについては、小川〔二〇〇九〕や妹尾〔二〇〇九〕にしたがって、製品アーキテクチャがオープン・モジュラー化するなかで、同社が国際標準化と比較優位の国際分業を活用した見事なビジネスモデルを構築していることを明らかにした。アーキテクチャがオープン・モジュラー化していくときには、一方では自社製品の基礎をなす独自技術をブラックボックス化するとともに、他方では自社の製品と外部の部品などをつなぐ接続部分のインターフェイスを国際標準化し他社に公開することによって、自社製品の独自性を保持しながら、多くの企業による周辺製品の開発・製造を促進している。さらには自社製品が組み込まれる中間製品（インテルの場合はマザーボード）を製造するためのノウハウを開発するがそれを内製せず、製造労務費の低い国（台湾）の企業にそれを供与して、完成品（パソコン）を安価で大量に生産できるようにし、その結果として自社製品（MPU）が大量に売れる仕組みを作ったのである。

インテルの事例では、ビジネスモデルの構成要素のなかで価値創造システムと儲ける仕組みを中心に論じたが、その標的顧客と顧客価値について言えば、世界市場で一般大衆を標的としてパソコンの大量販売を狙ったものであり、しかも自社の独自技術の高度化による顧客価値の向上を図ろうとするものであると捉えることができる。

そして、われわれはインテルの事例から、企業の利益源泉となるのは独自技術であり、独自技術のイノベーションを継続的に行うことが競争優位を獲得し持続するための基本的な方法であることを、改めて認識した。自社の独自技術の革新によって製品性能の絶えざる向上を図ることができるのは、製品アーキテクチャがモジュラー型ではなく、擦り合わせ型の場合である。したがって、擦り合わせ型の製品アーキテクチャと相性のよい組織能力こそが持続的競争優位の源泉になるのである。

最後に、企業のビジネスモデル構築能力について考えてみたい。これについては、結果として完成されたビジネスモデルだけでなく、ビジネスモデルの構築プロセスについての研究が必要である。バーゲルマン（Burgelman〔二〇〇二〕）は、インテルのビジネスモデルは最初からトップマネジメントが計画的に作成したものではないことを明らかにしている。実際には、まず周辺機器事業部がパソコンの性能向上にバスがネックとなっているという問題意識をもとに、バスを構成要素とするチップセットを新規事業として興したが、当初、本社の幹部にはその事業を成長させようとする意志がなかった。そのような状況のなかから紆余曲折を経て、同社のビジネスモデルが構築されていったのであり、はじめから完全な計画があったわけではないのである。

それにもかかわらずインテルがその見事なビジネスモデルに到達することができたのは、社内ベンチャー的に新規事業を創造する仕組みがあり、またトップマネジメントが確固とした信念と柔軟な姿勢で全体としてのビジネスモデルを構築することに専念したからである。われわれは、そのような組織的仕組みやトップマネジメントのリーダーシップを学ぶべきである。

ソニーとサムスンの違いを分析した張〔二〇〇九〕は、ソニーの低落の原因の一つを、創業経営者がいなくなった後のソニーのトップ・リーダーシップの欠如、あるいはトップのリーダーシップ発揮を妨げる組織のガバナンスの問題に求めている。企業の現場レベルの組織能力の育成に加えて、トップマネジメントのレベルにおけるビジネスモデル構築能力、あるいはそれを促進する組織のあり方が問われているのである。

〔参考文献〕

芦辺洋司〔二〇〇九〕『超ガラパゴス戦略』WAVE出版。

Burgelman, Robert A.〔2002〕, *Strategy Is Destiny*, Free Press.（石橋善一郎・宇田理監訳〔二〇〇六〕『インテルの戦略』ダイヤモンド社。）

張世進〔二〇〇九〕『ソニーVSサムスン』日本経済新聞出版社。

藤本隆弘〔一九九七〕『生産システムの進化論』有斐閣。

藤本隆宏・武石彰・青島矢一（編著〔二〇〇一〕）『ビジネス・アーキテクチャ』有斐閣。

藤本隆宏〔二〇〇四〕『日本のもの造り哲学』日本経済新聞社。

畑村洋太郎・吉川良三〔二〇〇九〕『危機の経営』講談社。

飯塚幹雄〔二〇〇九〕『市場づくりを忘れてきた日本へ。』しょういん。

Kim, W.Chan and Mauborgne, Renée〔2005〕, *Blue Ocean Strategy*, Harvard Business School Press.（有賀裕子訳〔二〇〇五〕『ブルー・オーシャン戦略』ランダムハウス講談社。）

北川史和・海津政信〔二〇〇九〕『脱ガラパゴス戦略』東洋経済新報社。

楠木建〔二〇〇七〕「イノベーションの新しいパラダイム」竹内弘高・楠木建『イノベーションを生み出す力』ゴマブックス、六四—一一九頁。

楠木建〔二〇一〇〕「イノベーションの『見え過ぎ化』」『一橋ビジネスレビュー』五七巻四号、三四—五一頁。

宮崎智彦〔二〇〇八〕『ガラパゴス化する日本の製造業』東洋経済新報社。

中橋國藏〔一九九七a〕「競争優位の持続可能性」柴田悟一・中橋國藏（編著）『経営管理の理論と実際』東京経済情報出版、一四六—一六八頁。

中橋國藏〔一九九七b〕「垂直統合と企業間関係」柴田悟一・中橋國藏（編著）『経営管理の理論と実際』東京経済情報出版、二〇四—二二六頁。

中橋國藏〔二〇〇八〕「経営戦略の概念」中橋國藏（編著）『経営戦略の基礎』東京経済情報出版、三—二八頁。

太田原準〔二〇〇九〕「オートバイ産業」新宅純二郎・天野倫文（編著）『ものづくり国際経営戦略』有斐閣、一八五—二〇五頁。

小川紘一〔二〇〇九〕『国際標準化と事業戦略』白桃書房。

Porter, Michael E.〔1980〕, *Competitive Strategy*, Free Press.（土岐坤・中辻萬治・服部照夫訳〔一九八二〕『競争の戦略』ダイヤモンド社。）

妹尾堅一郎〔二〇〇九〕『技術力で勝る日本が、なぜ事業で負けるのか』ダイヤモンド社。

立本博文〔二〇〇九〕「台湾企業：米国企業とのモジュラー連携戦略」新宅純二郎・天野倫文（編著）『ものづくり国際経営戦略』有斐閣、二〇九—二三一頁。

山崎良兵・坂田亮太郎〔二〇一〇〕「韓国四強　躍進の秘密」『日経ビジネス』一月二五日号、二二—三七頁。

吉川尚宏〔二〇一〇〕『ガラパゴス化する日本』講談社。

第二章　スーパーホテルにおける組織イノベーション
——「ビジネスモデル」の視点から——

古沢昌之

一　はじめに

國領〔二〇〇三〕によると、ビジネスモデルとは「経済活動において、誰にどんな価値を提供するか、その価値をどのように提供するか、提供するにあたって必要な経営資源をいかなる誘因のもとに集めるか、そして提供した価値に対してどのような収益モデルで対価を得るか、という四つの課題に対するビジネスの設計思想」である。また、安室〔二〇〇七〕はビジネスモデルを「顧客の満足を目的として、技術やノウハウを利益に変換する仕組みの構築」と定義づけている。

こうした中、本章の目的は、アファー（Afuah〔二〇〇四〕）の所説を踏まえ、「ビジネスモデル」の構成要素について考察するとともに、ビジネスホテル業界で躍進を遂げる株式会社スーパーホテルの事例研究からインプリケーションを抽出することにある。

二　「ビジネスモデル」の構成要素

一　アファー（Afuah〔二〇〇四〕）の「7C'sフレームワーク」

アファーの「ビジネスモデル」論の特徴は、ポーター（Porter〔一九八〇・一九八五〕）が主張した「ポジショニング理論」とバーニー（Barney〔一九九一・二〇〇二〕）に代表される「資源ベース理論」の統合を目指した点にある（安室〔二〇〇七〕）。「ポジショニング理論」が産業構造、すなわち企業の外部環境に着目した競争戦略論であるのに対し、資源ベース理論の主唱者は競争優位の源泉を企業の資源や能力（内部環境）に求める。

アファーは、ビジネスモデルを「資源を構築するとともに、それを顧客が求める製品・サービスへ変換することを通して儲ける仕組み」と定義し、それは産業（業界）要因と企業特殊的要因の双方に依存すると述べている。そして、ビジネスモデルの収益性と競争優位の源泉を分析する包括的な枠組みとして「7C'sフレームワーク」を提示した（図表2-1参照）。

①Competitive position（競争力のあるポジション）

業界内で「競争力のあるポジション」を築けるか否かは、①顧客価値、②市場セグメント、③売上の源泉、④サプライヤーや顧客、競合企業、補完品企業に対する相対的なポジション（バーゲニングポジション）、⑤顧客に提示する価格によって決まる。顧客価値は低コストまたは商品差別化によってもたらされるが、市場セグメント（顧客）が求める価値を提示するとともに、持続的な競争優位に向けてその専有[1]を図ることが肝要である。

図表2-1　７C'sフレームワーク

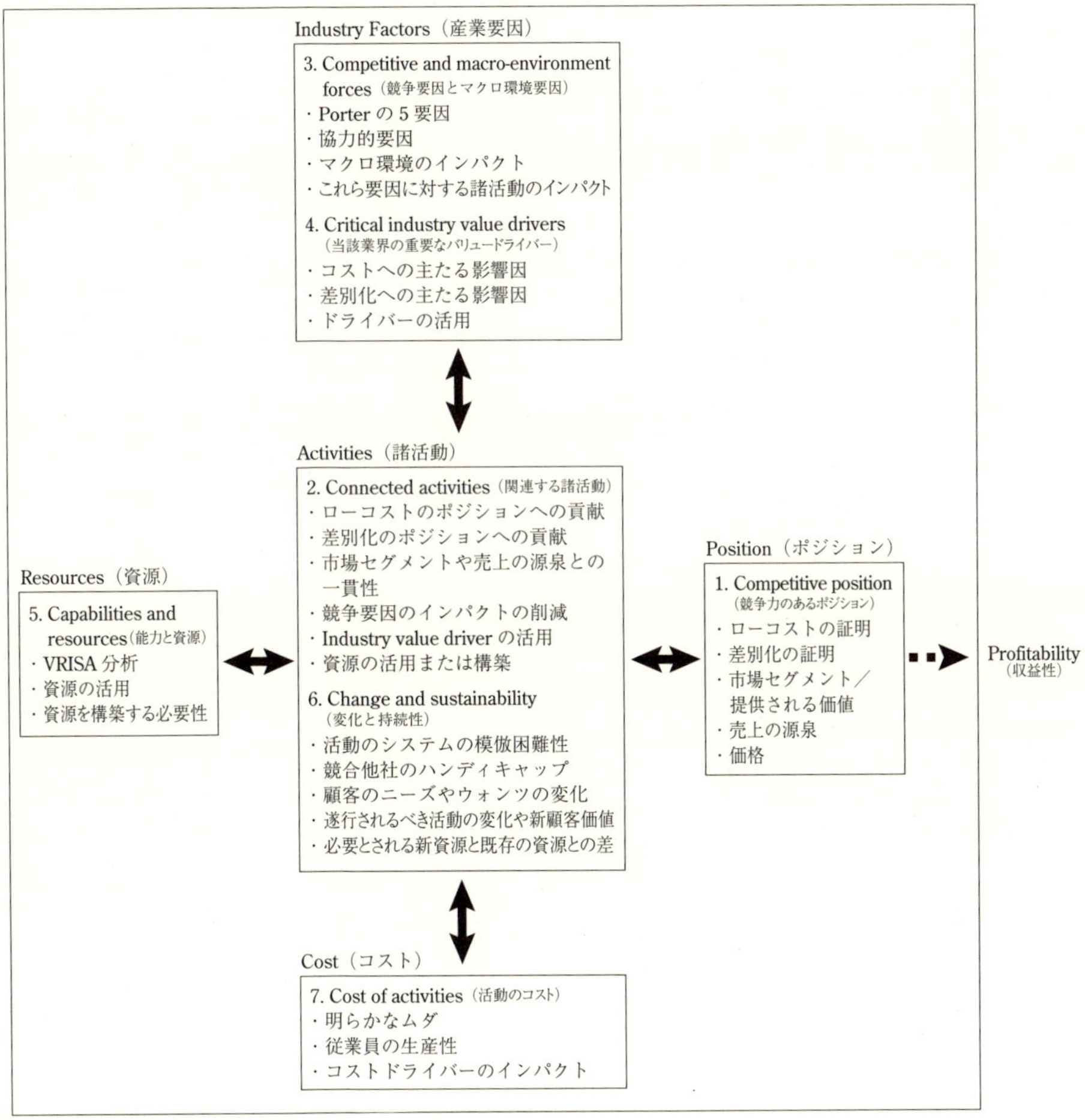
Industry Factors（産業要因）
3. Competitive and macro-environment forces（競争要因とマクロ環境要因）
・Porter の５要因
・協力的要因
・マクロ環境のインパクト
・これら要因に対する諸活動のインパクト
4. Critical industry value drivers（当該業界の重要なバリュードライバー）
・コストへの主たる影響因
・差別化への主たる影響因
・ドライバーの活用
Activities（諸活動）
2. Connected activities（関連する諸活動）
・ローコストのポジションへの貢献
・差別化のポジションへの貢献
・市場セグメントや売上の源泉との一貫性
・競争要因のインパクトの削減
・Industry value driver の活用
・資源の活用または構築
6. Change and sustainability（変化と持続性）
・活動のシステムの模倣困難性
・競合他社のハンディキャップ
・顧客のニーズやウォンツの変化
・遂行されるべき活動の変化や新顧客価値
・必要とされる新資源と既存の資源との差
Resources（資源）
5. Capabilities and resources（能力と資源）
・VRISA 分析
・資源の活用
・資源を構築する必要性
Position（ポジション）
1. Competitive position（競争力のあるポジション）
・ローコストの証明
・差別化の証明
・市場セグメント／提供される価値
・売上の源泉
・価格
Profitability（収益性）
Cost（コスト）
7. Cost of activities（活動のコスト）
・明らかなムダ
・従業員の生産性
・コストドライバーのインパクト

出所：Afuah〔2004〕, p.193 を加工。

②Connected activities（関連する諸活動）

顧客価値の提供には、ビジネスシステム内の「活動」を伴う。そして、ターゲットとする市場セグメントが求める価値を創出するに際しては、どんな活動を（which）、どのように（how）、いつ行うか（when）という点を考慮しなければならない。

③Competitive and macro-environment forces（競争要因とマクロ環境要因）

サプライヤーや競合企業などからもたらされる「競争要因」（competitive forces）が強まるほど、その業界の魅力（収益性）は低下する。競争要因には、①サプライヤーの交渉力、②顧客の交渉力、③競合との関係、④参入障壁、⑤代替品企業のパワー、⑥補完品企業のパワーが含まれる。[2] また、「マクロ環境」も業界・企業に影響を与える。

④Critical industry value driver（当該業界の重要なバリュードライバー）

各業界には、コストや差別化に多大なインパクトをもたらす要因があり、それらは“critical industry value driver”（当該業界の重要なバリュードライバー）と呼ばれる。例えば、コンサルティング業界では、コンサルタントの稼働率が収益性を大きく左右する。また、医薬品業界では、R＆D活動の成果や臨床試験を迅速・効率的に実施する能力が重要なバリュードライバーとなる。

⑤Capabilities and resources（能力と資源）

優れた顧客価値の提供・専有に向けた活動を行うには、「資源」（resources）とそれを活用する「能力」（capabilities）が必要となる。アファーは、資源や能力の潜在的収益性を評価するツールとして、「ＶＲＩＳＡ分析」を提示している。ＶＲＩＳＡとは、Ｖ（Value）＝価値の提供、Ｒ（Rareness）＝希少性、Ｉ（Imitability）＝模倣可能性[3]、Ｓ（Substitutability）＝代替可能性、Ａ（Appropriability）＝専有可能性の略称である。

⑥Change and sustainability（変化と持続性）

競争優位の最大の脅威は「変化」である。具体的には、①ニーズの変化、②活動の変化、③必要とされる資源や能力の変化などが挙げられる。

⑦Cost（コスト）

コストは売上と並ぶ収益の二大要素である。従って、低コストあるいは商品差別化のいずれの戦略を志向しようとも、コストを適切に管理する必要がある。

二　「顧客価値」「活動」「資源と能力」

アファーの所説を要約すると、ターゲットとする市場セグメントが欲する「顧客価値」を創出・専有する時に競争優位が構築され、それが収益性につながるものと考えられる。そして、価値の創出・専有を図るには適切な「活動」を行う必要があり、そのためには「資源と能力」の活用・構築が求められるのである。

上記の点を踏まえ、ここではビジネスモデルの中核的要素となる「顧客価値」「活動」「資源と能力」について考察する。

①顧客価値

「顧客価値」の創出に向けて企業が取り得る戦略は、「低コスト戦略」と「商品差別化戦略」に大別される。コストに対しては、①規模の経済性、②要素費用、③業界特有のコストドライバー、④イノベーション、⑤学習の経済性、⑥エージェンシーコストが影響を及ぼし、差別化の方法には、①商品特性、②ブランド力、③ネットワークの大きさ（ネットワーク外部性）、④タイミング（先発優位性など）、⑤ロケーション、⑥アフターサービス、⑦プロダクトミックス（品揃え）などがある。「低コスト戦略」を取る企業は高い市場占有率を通して、また「商品差別化戦略」を志向する企業は顧客にプレミアム価格を課すことにより高収益が期待できる。

しかし、ターゲットとする市場セグメントに対して相対的に優れた顧客価値を提供することは、収益性のための必要条件であるが、十分条件ではない。持続的な競争優位、すなわち顧客価値の専有にはサプライヤーや顧客、競合企業、補完品企業に対するバーゲニングパワーが重要な役割を果たすのである。

一般的にサプライヤーや顧客などがもたらす競争要因が強まるほど業界全体の収益性は低下すると考えられるが、自社とそれらプレーヤーが常に利益相反の関係にあるとは限らない。事実、サプライヤーや顧客とのアライアンス、さらには競合企業との合法的な協力関係の構築が優れた顧客価値の創出につながることも多い。その意味で、サプライヤーや顧客、競合企業、補完企業は競争と協調の両側面を有した「コーペティター」（coopetitors）と呼ばれるのである（Brandenburger & Nalebuff〔一九九六〕）。

②活動

顧客価値の提供・専有を図るには、それを支える「活動」を行うことが求められる。活動は自社の戦略と一貫しており、かつ模倣困難で業界の重要なバリュードライバーを活用したものでなければならない。そして、競争優位は、企業がどんな活動を（which）、どのように（how）、いつ行うか（when）に依存している。

まず、"which"は、業界内のポジションの強化・改善や資源の活用・構築に資するビジネスシステム内の活動を選択することを意味する。それは「やらない活動を決める」ことでもある。次の"how"には、選択した活動を内部化するかアウトソーシングするのか、という問いに始まり、リーン生産方式やTQMの導入、クロスファンクショナルチームの設置に至るまで多様なオプションが含まれる。そして、"when"は、活動のタイミングの重要性に関するものである。すなわち、同じ活動を同様の方法で実施したとしても、「先発優位性」（first mover advantage）や「機会の窓」（windows of opportunity）の存在により、その収益性が大きく異なる可能性があるのである。

③資源と能力

優れた顧客価値を創出・提供し、その価値の専有を可能にする活動を行うには「資源」（resources）を必要とする。資源はタンジブルな資源、インタンジブルな資源、そして人的資源に分類することができる。

ポーター（Porter［一九八〇・一九八五］）の競争戦略論が資源の同質性（homogeneity）と移転可能性（mobility）を前提としているのに対して、資源ベース理論ではその異質性（heterogeneity）と移転不可能性（immobility）に注目している。例えば、バーニー（Barney［二〇〇二］）は、企業の内部資源が持続的競争優位の源泉となるための条件として、V（Value）＝価値の創出、R（Rareness）＝希少性、I（Inimitability）＝模倣困難性、O（Organization）＝組織という四要素を挙げている。そして、持続的優位の決め手として模倣困難性に注目し、それには「経路依存性」「社会的複雑性」「因果曖昧性」「代替困難性」が関係すると述べている。

しかし、資源自体が収益を生むことは稀で、それを顧客価値と正しいバーゲニングポジションに変換するためには「能力」（capabilities）が求められる。この点に関してグラント（Grant〔一九九一〕）は、生産過程へのインプットとしての「資源」と資源を統制する「能力」を峻別し、生産活動には資源のチームによる協働と調整を要することから、資源は企業の能力の源泉であり、能力が競争優位の主要な源泉であると主張している。また、中橋〔一九九七〕は、プラハラード＝ハメル（Prahalad & Hamel〔一九九〇〕）およびハメル＝プラハラード（Hamel & Prahalad〔一九九四〕）が展開した「コア・コンピタンス」論に「組織能力」の重要性を付加し、「組織能力→コア・コンピタンス→顧客を満足させる様々な製品＝持続的競争優位」という図式を提示している。

三　スーパーホテルの事例研究(4)

本節では、先に考察したアファー（Afuah〔二〇〇四〕）の所説に従い、ビジネスホテル業界で躍進を遂げる株式会社スーパーホテルの「ビジネスモデル」について事例研究を行う。同社は近年、売上・利益ともに急成長しており、「日本経営品質賞」や「ハイ・サービス日本三〇〇選賞」を受賞するなど、その経営が注目を集めている。ここでは、ビジネスモデルの中核的要素となる「顧客価値」「活動」「資源と能力」を中心にスーパーホテルの取り組みに関して論述する。

一　会社概要

株式会社スーパーホテルは、大阪市に本社を置くビジネスホテルチェーンで、日本全国に九三店舗を展開している

（二〇一〇年三月時点）[5]。資本金は六、七五〇万円、従業員数は二七五人（うち正社員一一九人）で、二〇〇八年度の売上高は一五八・三億円、経常利益は一四・二億円である。

設立は一九八九年で、その前身は現会長の山本梁介氏が一九七〇年に大阪で立ち上げた単身者用賃貸マンションの管理・運営会社である。従って、スーパーホテルはビジネスホテル業界では後発の新興企業と言える。[6]

同社のビジネスモデルは多方面で評価され、「日本経営品質賞」（二〇〇九年、経営品質協議会）、「ハイ・サービス日本三〇〇選賞」（二〇〇八年、サービス産業生産性協議会）、「経営合理化大賞（フジサンケイビジネスアイ賞）」（二〇〇七年、大阪府経営合理化協会）、「関西経営品質イノベーション賞」（二〇〇七年、関西経営品質協議会）など数多くの受賞歴を誇っている。

二　顧客価値

スーパーホテルが追求する顧客価値は、頻繁に出張するビジネスパーソンにターゲットを絞り、低価格で高品質なサービスを実現するというものである。スーパーホテルの料金設定は、「出張旅費の範囲内で夜に一杯飲んで、さらにお土産も買える価格」を基本としており、一泊四、九八〇円（朝食無料）からとなっている。

一方、品質については、「安全・清潔・ぐっすり眠れる」が基本コンセプトである。出張者の多くは、ホテル滞在時間の大部分を「睡眠」に費やすことから、仕事の疲れを癒し、安眠を保証する宿泊空間の確保を求めている。にもかかわらず、街中の旅館は後継者不足でその数が減少しつつあることに加え、老朽化した建物が多く、「安全性・安眠性」の面で問題を抱えている。一方、従来型のビジネスホテルは、外観やフロント周りに贅を尽くしたり、レストランに金をかけるなどビジネスパーソンのニーズとの乖離が見られる。さらに、大手と言われる高級ホテルも「睡眠」

という部分は極めきれていないように思える。ここに、スーパーホテルは出張者が抱える「4F」(不満・不足・不十分・不便)、つまりは潜在的ニーズを見出し、低価格・高品質による「宿泊特化型」ホテルの展開をスタートさせたのである(古沢〔二〇〇七b〕)。

スーパーホテルでは、品質を「不満足要因」と「満足要因」に分けることを通して、サービスの提供に当たっている。これはハーズバーグ(Herzberg〔一九五九〕)の「動機付け―衛生」理論を援用したものと考えられる。ハーズバーグは「満足」の反対は「不満足」ではなく「満足のない状態」、「不満足」の反対は「満足」ではなく「不満足のない状態」と捉え、職務満足に関連する要因(動機付け要因)と職務不満足を引き起こす要因(衛生要因)を区別した。動機付け要因には達成感、承認、仕事そのもの、昇進などがあり、衛生要因の代表例としては賃金、作業条件、対人関係などが挙げられる。これをホテル業界に当てはめてみると、「不満足要因」(衛生要因)は「清潔感」や「朝食」などで、それが満たされないと顧客が不満を感じ、再来店につながらない。一方、「満足要因」(動機付け要因)は「個別の接客対応」が典型的で、それがなくても再来店はしてもらえるが、あえて提供することでロイヤルカスタマー化や口コミによる販売促進が期待できるものである。スーパーホテルでは「不満足要因」の撲滅を図るべく、全客室にアンケート用紙を設置して清潔感や朝食に関する顧客の声を収集し、問題点がある場合には改善案の迅速な策定・実行を組織的に行っている。また、「クレームはお客様からの改善提案」との認識に基づき、電話や口頭のクレームには直ちに対応し、eメールの場合は二日以内に責任ある回答をするようルール化している。一方、個別の接客対応に関しては、主たる顧客が頻繁に出張するビジネスパーソンであることから、「また、来たよ」「(第二の我が家へ)お帰りなさいませ」と言える親密な関係を築くことを重視している。そのために、チェックイン時や朝食時といった少ない顧客接点を大切にし、「明るい笑顔」と「元気な挨拶」を売り物に「顧客との会話」を心がけ、それを「個別サービス」の提供につなげようとしている。

三　活動

では、スーパーホテルは「低価格」と「高品質」という「二元性」をどのように両立させているのであろうか。それに向けた第一の経営施策は、「やならい事を決める」ということである。例えば、スーパーホテルには会議室や宴会施設はない。[7] また、外観やエントランスもシンプルな造りにし、居住スペースの充実を図っている。さらに、スーパーホテルでは客室に電話が設置されていない。近頃は大抵の人が携帯電話を持っているし、客室からの通話は料金が二〇％加算され、公衆電話の方が安いからである。同様に、スーパーホテルでは、一五％の手数料が生じる旅行エージェント経由の予約は受け付けない。このほか、フロントは午前零時から七時まで閉鎖され、深夜勤務に伴う人件費増を回避している。[8] これらは全て睡眠の質に関係のない初期投資とランニングコストを削減し、宿泊業務に特化するためである。

第二の施策は、「やる事の合理化」である。そのためにスーパーホテルでは、ＩＴを徹底的に活用している。例えば、「ノーキー、ノーチェックアウト」の自動チェックイン機の設置である。これはビジネスモデル特許を取得しており、領収書に印刷された暗証番号で入室できる仕組みになっている。通常、ビジネスホテルでは、宿泊客のチェックアウト時間が朝八時前後に集中する。そのため、客にとっては予期せぬ待ち時間が生じるリスクがあり、一方ホテル側は混雑時に備えてフロント要員を確保しなければならないことが頭痛の種であった。こうした状況に対して、ノーチェックアウトのシステムは、顧客には予定どおりのホテル出発、ホテル側に対しては省力化というソリューションを提供するものである。[9] また、スーパーホテルはＩＴ予約率の向上に注力している。具体的には、同社のＩＴ戦略室が中心となり、ホームページ画面の改善や携帯電話からの予約促進に取り組み、予約業務に関わるオペレーションの軽減と顧客の定着化に努めている。[10] さらに、客室のベッドは脚の部分をカットし、直接床の上に設置するなどの工夫も行っている。床との隙間を無くすことで客室の清掃が容易になるからである。[11] 加えて、頻繁に出張するビジネスパーソンにターゲットを絞り込んでいること自体が低コスト化に貢献していると言える。例えば、ルートセールスの担当者は連泊やリピーター化が見込め、管理コストの低減につながる。また、彼（彼女）らは大抵の場合、旅慣れており、余計なサービスが不要である。

スーパーホテルが低価格化に向けた合理化を図る際の基本指針は、「顧客満足に抵触しない部分の合理化」「（顧客と企業の）win-winの合理化」である。別言すれば、それは「作業」と「仕事」を峻別することであり、チェックアウト時のフロント業務に代表される価値を生まない「作業」は機械に任せ、従業員は人にしかできない接客サービスのような「仕事」に注力するということである。

そこで、顧客価値の創出に向けた第三の施策として、「サービスの深掘り」が登場する。具体的には「睡眠は長さではなく質」という考えのもと、大阪府立大学・健康科学研究室と「ぐっすり研究所」を立ち上げ、低反発マットレスを使った幅一五〇cm、長さ二〇〇cmのワイドベッド、七種類の快眠枕、マイナスイオンを発生させ血圧や心拍数が安定する特殊パジャマを開発するなどしている。[12] 次に、清掃に関しては各地の専門業者に委託しているが、業者にも朝礼に出席してもらい、スーパーホテルの価値観を浸透させるとともに、清掃手法のベストプラクティスについてはDVDに録画するなどして会社の枠を越えた共有化を図っている。そして、基本コンセプトである「安全・清潔・ぐっすり眠れる」に反すると顧客が訴えた場合は、理由の如何を問わずルームチェンジを行い、それができない時は宿泊料金を全額返金する「宿泊品質保証制度」を導入している。[13]

また、顧客との会話を通して得た情報をデータベース化して全店舗でそれを共有するとともに、当該顧客が次に宿泊する日の朝礼で、スタッフ全員がその情報のチェック（これを同社では「思い出し」と呼ぶ）を行い、個別のサービスにつなげていく。「思い出し」では、顧客の氏名・会社名のほか、累積来店回数・前回宿泊日・趣味などの情報を反芻し、顧客の好み（部屋のタイプ、快眠枕の種類など）や要望（例えば、前回宿泊時に毛布を所望されたことなど）に対応した個別サービスを提供する旨が確認される。こうした取り組みを通して、スーパーホテルでは三回以上宿泊した顧客の八割については顔と名前が一致するという。そのため、チェックイン時や朝食時に「お久しぶりです」「いつも北海道のスーパーホテルがお世話になっています」といった言葉も自然と出てくるのである。

四　資源と能力

スーパーホテルでは、創業後しばらくの間は経営トップが組織全体を直接統率するというコントロール様式がとられていた。しかし、店舗数が三〇を超える頃になると、上位下達式のマネジメントの限界が露呈するようになってきた。例えば、トップの想いが末端の従業員に正確に伝わらない、現場のモチベーションが低下する、顧客からのクレームが増加するといった現象である。

そこで、スーパーホテルでは「自律型感動人間」（自律的に考え、感動のサービスを提供できる人材）の育成を中核とした人的資源管理と企業文化の創造による組織コントロールへと大きく方向転換した。前述のように、スーパーホテルにおける「高品質のサービス」の中核をなすのは、宿泊客への個別サービスの提供である。感動は顧客が「そこまでしてくれるのか」と感じること、すなわち顧客の期待を超えた価値の提供から発生する。スーパーホテルでは、「マニュアルを整備すれば不満・不備が減り、サービスのバラツキを減らせるが感動は作れない。ＩＴもスピード化・低コスト化・情報の共有化を推進する上で人間以上の能力を発揮するが、感動は与えられない」と考えている。こうした中、感動をもたらすには、サービスを提供する側が自分で考え、自分で行動する必要があると言える（『新経営研究』

二〇〇八年一〇月号）。

自律型感動人間の確保に向けた第一の取り組みは、「採用・育成・評価」といった一連の人事サイクルとの連動である。まず、採用の際は自律型感動人間としての資質（人間好きで、ハートフルな感動家）を重視しており、自社の価値観に合致した人材を獲得すべく、カスタマイズされた適性検査（ＣＵＢＩＣ）を実施している。また、入社後の導入研修においては、トップ自らが経営理念に関してレクチャーし、価値観の注入を図っている。さらにスーパーホテルでは、経営理念を"Faith（フェイス）"と呼ばれる行動規範にブレイクダウンし、それを毎日の朝礼で唱和するとともに、従業員が日々の仕事での実践結果を発表して経営トップや支配人がコメントするといったことが行われている（図表２-２参照）。これらの取り組みを通して、組織メンバー間の価値観の共有化が促進され、現場のモチベーションも向上してきたという。次に、評価制度については、「チャレンジシート」と「ランクアップシート」というツールを用いた「目標管理」（ＭＢＯ）が実施されている。具体的には、経営理念の具現化を図るための「中期経営計画」が「年度計画」「部門計画」にカスケードダウンされ、それに基づき部下は上司との面談を経て個人の目標と取り組み内容を半期ごとに「チャレンジシート」に記入する。そして、チャレンジシートの目標が「ランクアップシート」により月間・週間・日々の行動計画へと落とし込まれ、それらの達成度が業績評価に結びつく仕組みになっている。[14]

第二の取り組みは、「ベンチャー支配人システム」の導入である。自ら考え、行動する「自律型感動人間」となるためには、いわゆる「サラリーマン気分」と決別する必要がある。そこでスーパーホテルでは、「支配人・副支配人」については、同社の正社員を登用するのでなく、起業家精神旺盛な外部人材に業務委託することにしている。支配人・副支配人は二人一組で募集しており、契約は六年間（最低四年間）となっている。[15] 処遇に関しては、四年間で一組当たり客室数に応じて三、二五〇万円から四、九五〇万円が固定報酬として支払われるほか、業績報奨金（営業利益の基準額

図表2-2　スーパーホテル“Faith”

経営理念

私達は常に「安全・清潔・ぐっすり眠れる」スペースを創造し、お客様第一主義を旨として、お客様に元気になっていただき、活力ある社会活動・経済活動をされるのに貢献いたします。

現地現場主義に徹して、お客様に満足していただく為、私たちはひたすらお客様の要求に合わせて自分を変えていきます。

世界的レベルでの質の高いサービスをグループをあげて構築しながら時代を先取りする創造的な企業をめざします。

環境理念

地球環境保護に努め、地球も人も元気にする企業を目指します。

◆基本方針◆

1. 快適な宿泊の追求
   私達は、常に「安全・清潔・ぐっすり眠れる」ロハスな空間を創造し、お客様に元気になっていただくホテルを目指します。
2. お客様満足の追求
   私達は、お客様の期待を超えるサービスをご提供することによって、お客様満足のさらなる向上につとめます。
3. 働く仲間の満足の追求
   私達は、働く仲間一人ひとりの自主性と創造性を尊重し、互いに謙虚に学び合い、啓発し合うことによって、働きがいのある職場風土を作ります。
4. 社会との調和の追求
   私達は、企業市民であることを自覚し、社会のルールを遵守し、社会との調和を通して、社会の発展に貢献することを目指します。
5. 独自性の追求
   私達は、常にお客様のニーズを先読みし、ＱＣ（品質管理）の徹底と、ＣＳ（お客様の満足度）の向上を図ることにより、高品質のサービスを提供します。

◆サービススタンダード◆

私達は、お客様に元気なご挨拶と明るい笑顔、そして心のこもったおもてなしで、お客様に“第二の我が家”をご提供いたします。

1. 明るい笑顔と元気なご挨拶でお客様をお迎えします。
2. お客様のお名前をお呼びします。
3. プラスaの一言でお声がけをします。
4. お客様お一人お一人のニーズを先読みします。
5. 一歩前に歩み寄った接客で、心のこもったおもてなしをします。
6. 朝は明るい笑顔と大きな声で「おはようございます」と、元気なご挨拶をします。

◆自律型感動人間◆

私達はフェイスを深く理解し、日々実践すると共に、お客様と働く仲間に感謝と感動の気持ちを持って接します。自らの可能性を信じ、自責で考えることによって、人間的成長を求め続けます。

◆働く仲間への約束◆

スーパーホテルは働く仲間全員が最も大切な人財であると考えます。皆さん一人ひとりがやりがいと誇りを持てるよう個人の多様性を尊重し、かつその能力を最大限に伸ばせる職場環境創りを約束します。

※エンパワーメントの実現＝逆ピラミッド型組織

スーパーホテルで一番大切なのは、店舗でお客様により良いサービスを提供することです。そのために、私達一人ひとりには、自分で判断し、行動する力が与えられています（エンパワーメント）。

自主性と創造性を尊重し、理解と信頼と支援に満ちた職場環境を実現します。全ての価値創造と創意工夫は、現場から生まれ、サポートセンターの一人ひとりは、その実現へ向けて支援します。

◆行動基準◆

スーパーホテルにおいて、フェイスは全ての判断と行動の基準です。私達は、これを理解し、自分のものとして積極的に実践します。

1．お客様の声

私達はお客様の声を何よりも大切にし、それにお応えする事を使命と考えます。お客様からの改善案（苦情・要望）を歓迎し、言い訳や責任転嫁をせず、責任を持って真摯に取り組み、よりご満足いただく為に、常に創意工夫をします。お客様に喜ばれるホテルを目指して、お客様満足の向上に努めます。

2．クリンネス

お客様に清潔な宿泊スペースをご提供するのが、私達の使命です。清掃チェックとビジネスパートナーとの対話を徹底し、髪の毛・ホコリ・臭いのない卓越した清潔さを追求します。また、フロント・ロビーそして事務所内も整理・整頓を実施し、清潔で働きやすい職場環境を作ります。

3．安全・ぐっすり

お客様に安心して、ぐっすり眠っていただくことが私達の大切な使命です。常日頃、設備の維持や防犯・防災に心掛けるとともに、非常時にはお客様の安全を第一に考えた責任ある行動を取ります。

4．創意工夫・継続改善

業界のリーディングホテルとして、また、お客様に愛されるホテルである為に、従来のやり方や常識にとらわれる事なく、継続的改善を行うことにより、サービス向上・コスト削減・業務効率化に努めます。

5．エンパワーメント

従業員一人ひとりには、自分で判断し、行動する力が与えられています（エンパワーメント）。私達一人ひとりがエンパワーメントによって、お客様のご要望や問題に対処し、お客様満足度（ＣＳ）を高め、良好な関係を築いていきます。

6．チームワーク

お客様のご満足を高め、更なるご要望にお応えするために、チームワークを常に意識し、仕事の内容やセクションを超えて幅広く協力し合っていきます。全体的な視野で物事をとらえ、行動します。

7．身だしなみ

私達は、スーパーホテルの一員として、身だしなみマニュアルに従って、お客様に好感を持たれる身だしなみを整えます。

8. コミュニケーション
コミュニケーションの基本は相手の話を『聴く』ことです。自分と異なる意見や考えを素直に受け止めます。提案や要望に対しては、必ず応えます。コミュニケーションが相互の理解と信頼を高め、チームワークを強め、理念の実現を可能なものにしていきます。
9. スピード・スピード・スピード
業務遂行に当たっては、スピードを重視します。状況は常に変化しているので、情報は素早く伝達します。特に、クレームについては、迅速に対応します。よいと思ったことは、即実行の習慣を身に着けます。
10. スタディー
私達は、社会人としてプロフェッショナルとして成長する為の努力を怠りません。学習する組織風土を創り、情報の共有化と対話を通じて、知の創造と共有を図ります。常に安定した最高のサービスを提供できるよう学習（自己研鑽）に励みます。
11. ＬＯＨＡＳ（ロハス）
ＬＯＨＡＳ（ロハス／健康と環境に配慮したライフスタイル）を提案するホテルの一員として、私達一人ひとりがスーパーエコ活動に取り組みます。
12. 品位
スーパーホテルのイメージを作り出すのも私達の役目です。スーパーホテルの一員であることに誇りを持って、お客様や働く仲間を尊敬し、品位を持って接します。

（2008年6月改定）

超過分の六〇％）、大入り大賞（月間の客室稼働率一〇〇％達成日数で決定、最大四〇、五〇〇円／月）などのインセンティブが用意されている。支配人・副支配人の能力は「価値観の共有」「接客応対」「指導・コーチング」「身だしなみ」「業務オペレーション」などの七項目について、各々の達成レベルを五段階でチェックする「ライセンス制度」を通して半年に一回評価され、それも処遇に結びつく。また、「ゴールド作戦チーム」と呼ばれる接客のプロ集団（本社の課長クラスと外部コンサルタントで編成）による毎月の巡回教育が行われ、予め設定された指標に向けてできるまで指導し、考え方（例えば、なぜ笑顔が大切か）を徹底的に話し込んでいく。スーパーホテルでは、これら施策により店舗スタッフに自信をつけてもらうことを目指しており、自信がつけば自律的に行動できると考えている(16)。また、支配人・副支配人側には、経営者としての意識・思考・姿勢・能力が身につくとともに、独立開業に向けた資金を確実に確保できるというメリットがある。

第三に、従業員が主体的に創意工夫に取り組む風土を定着させるための取り組みとして、「提案制度」と「ワークアウト」がある。提案制度では、半年ごとに優秀なアイデアを表彰することに加え、ベストプラクティスの水平展開が企図されている[17]。一方、ワークアウトはGEの取り組みにならった現場の改善活動で、部門ごとに問題点を抽出し、原因の追究・改善案の策定と実行・結果の検証といった問題解決のサイクルにチームで取り組むものである[18]。

第四に、自律型感動人間に向けた諸施策の成果について検証する「従業員満足度調査」が実施されている。本調査は「支配人・副支配人満足度調査」と「社員満足度調査」「アルバイト満足度調査」の三つで構成されており、個人と組織の目標・ベクトルの一致を図るための重要ツールである。支配人・副支配人満足度調査は、「行動」「意識」「満足度」の視点から分析を行い、それをもとに、本部が改善計画を立案し、調査結果とともに店舗に公表している。社員満足度調査では、「戦略・方針の納得度」「仕事の満足度」「スキルアップの満足度」などについて、上司と部下の間で意識のギャップがある部分を浮き彫りにすることで、人的資源管理施策の改善につなげている。また、アルバイト満足度調査に関しては、満足度が低い店舗に対して支配人とアルバイトとの関係改善を本社がサポートすることになっている。

五　経営成果

スーパーホテルは八九%という高い客室稼働率を誇り、リピーター率も七〇%以上に達している[19]。二〇〇九年にはオリコン「顧客満足度ランキング」（ビジネスホテル部門）、J・D・パワーアジア・パシフィック「日本ホテル宿泊客満足度調査」（一泊九、〇〇〇円未満部門）でいずれも一位に輝いている。スーパーホテルには宿泊客からの感謝の手紙であるサンキューレターが毎月約三、六〇〇通も届くという。

こうした中、二〇〇四年度から二〇〇八年度の五年間で売上高は六六・九億円から一五八・三億円へと二・四倍に増加している。また、経常利益も二・〇倍になっている。いずれも同期間の店舗数の増加率（一・八倍）を上回る成長である。

四　事例研究からのインプリケーション

前節ではスーパーホテルのビジネスモデルとその経営成果について検討した。ここでは、本事例研究からのインプリケーションを提示したい。

一　ビジネスモデルの出発点は「顧客」の定義

第一のインプリケーションは、「わが社の顧客」の定義がビジネスモデル構築の出発点であるということである。ビジネスモデルに関するキーワードの一つが「顧客価値」であることに鑑みれば、「わが社の顧客は誰か」をまずは明らかにする必要がある。それは顧客を選別あるいは創造することであると同時に、「顧客でない人々」を定義することでもある（安室〔二〇〇七〕）。

そのためには「市場細分化」（segmentation）と「標的市場の設定」（targeting）というプロセスを要する。「市場細分化」の基準は、顧客と商品の特性に関連したもので、一般的には「地理的変数」「人口動態的変数」「心理的変数」「行動変数」などがある。一方、「標的市場の設定」とは、顧客ターゲットを絞り込むことである（Grant〔二〇〇七〕、南方〔二〇〇七〕）。そして、ターゲットとする市場セグメントが求める「価値」を提供することで売上が立つ。

スーパーホテルでは、顧客を「頻繁に出張するビジネスパーソン」に定めるとともに、低料金でありながら快適な睡眠と行き届いた個別サービスを提供することを顧客価値の中心に据えている。従って、出張先のホテルの料金や格式をステータスと捉える人々はターゲットではない。この点についてスーパーホテルでは、「お客様は神様には違いないが、誰がお客様であるかは自社で決める権利がある」と考えている。

以上の事柄は、これからの企業経営においては、"Do things right."に加えて"Do right things."の視点が求められることを意味する。すなわち、物事を決められた手順に従って効率的に進めるというオペレーション上の優位性だけでなく、「市場細分化」の手続きを経てフォーカスされた「わが社の顧客」が求める価値を提供することが重要である。誰に買ってもらってもよいという商品は、結局のところ誰にも買ってもらえないということになりかねないのである。

二 「二元性」の両立による競争優位の構築

第二のインプリケーションは、「二元性」の両立が競争優位に資するということである。企業経営は「コストと品質」「分化と統合」「ローカルとグローバル」といった二律背反的圧力に満ち溢れている。かつて、こうした二元性は、トレードオフの視点で捉えられることが多かった。しかしながら、近年では国際経営論や戦略論・組織論においてその両立が競争優位につながるとの学説が多く見られるようになってきた（Porter〔一九八五〕、Hedlund〔一九八六〕、Bartlett & Ghoshal〔一九八九・一九九五〕、Doz, Santos & Williamson〔二〇〇一〕など）[20]。

こうした中、スーパーホテルでは次の二つの側面において二元性の両立に取り組んでいる。第一は、同社の顧客価値の根幹をなす「低価格」と「高品質」を同時に追求するという側面である。コストと品質の両立による競争優位の構築を論じた議論の一つとして、キム＝モボルニュ（Kim & Mauborgne〔二〇〇五〕）が提唱した「ブルー・オーシャン戦略」がある。キム＝モボルニュは、「ブルー・オーシャン戦略」の要件として「バリュー・イノベーション」の重要性を指摘し、それを生み出すヒントは各業界の中で常識とされてきた事柄に対して、「減らす」「取り除く」「増やす」「付け加える」という四つのアクションを取ることにあると述べている。スーパーホテルのケースで言えば、「減らす」はフロント業務の軽減、「取り除く」は会議室や宴会施設の除去、「増やす」は快眠に向けた諸施策、「付け加える」は個別サービスの提供が各々相当するものと思われる。また、そもそもイノベーションとは、生産手段の「新結合」である（Schumpeter〔一九三四〕）。そのことは他業界や周辺産業のノウハウがイノベーションに向けたシーズになりうることを示唆している。事実、スーパーホテルでは、同社が単身者用マンションの運営・管理を通して構築した防音や照明、セキュリティに関するノウハウが今日のホテルビジネスにおける「安心・清潔・ぐっすり眠れる」という価値の提供に大いに活かされている。逆に言うと、ライバルは業界内だけに存在するのではない。業界の常識に安住していると、名前も知らない他業界の企業に足元をすくわれる危険性があるということである。

スーパーホテルが両立を企図しているもう一つの二元性は、組織運営における「分化」と「統合」である（Lawrence & Lorsch〔一九六七〕）。具体的には、「ベンチャー支配人システム」を導入して外部人材の起業家精神や活力を取り込むことで経営に「遠心力」を付与しようとしている。しかし、その一方で支配人・副支配人が「糸の切れた凧」（石田〔一九九四〕）とならないよう採用時から自社の価値観との「適合性」を重視し、トップによる経営理念教育でそれを補強すると同時に、「ライセンス制度」や「ゴールド作戦チーム」の活動を通して能力の「見える化」を図るなど、マインドとスキルの両面から組織の「求心力」強化に努めているのである。

三　人的資源・人的資源管理と企業文化による優位性の持続

競争優位はできるだけ長く持続させる必要がある。人的資源管理論では、人的資源および人的資源管理が持続的競争優位を構築するという考え方がある(関口〔二〇〇一〕)。例えば、ライト＝マクマーハン(Wright & McMahan〔一九九二〕)やライトほか(Wright et al.〔一九九四〕)は、バーニー(Barney〔一九九一〕)の所説を援用し、人的資源(人的資本のプール)が企業に価値を提供し、それが希少で模倣・代替不可能であれば、その行動を通して持続的競争優位の源泉になりうると主張している。そして、人的資源管理(人的資源施策)については、それが人的資本のプールの開発や従業員の行動に与える影響を評価しつつも、人的資源施策自体は容易に模倣・代替可能であることから持続的競争優位の源泉にはなりえないと述べている(図表2-3参照)。

これに対して、ラド＝ウィルソン(Lado & Wilson〔一九九四〕)によると、人的資源の採用・育成・定着に向けた人的資源管理(人的資源システム)が企業特殊的な「組織コンピテンシー」(organizational competencies)の開発と活用の促進を通して持続的競争優位に貢献する。また、フセリド(Huselid〔一九九五〕)は、人的資源管理(high performance work practices)が従業員の定着、生産性の向上、企業の財務的成果に寄与する点を実証的に示している。さらに、蔡〔一九九八〕も、企業がコントロールできるのはあくまで人的資源の行動であり、人的資源は人的資源管理システムによって初めて持続的な競争優位の源泉になると主張する。そして、カモシェ(Kamoche〔一九九六〕)のように、上記両論を統合した見解も存在する。カモシェは、知識・スキル・専門技能のストックである「人的資源」と組織ルーチンおよび人的資源政策・施策による「人的資源能力」(human resource capabilities)の相互作用が競争優位の源泉としての「人的資源コンピテンシー」(human resource competencies)を生成する旨を論じている。同様に、岩出〔二〇〇二〕においても、人的資源と人的資源管理の双方を持続的競争優位の源泉と認識する戦略的人的資源管理論の前提的仮説が示されている。[21]

図表2-3　持続的競争優位の源泉としての人的資源

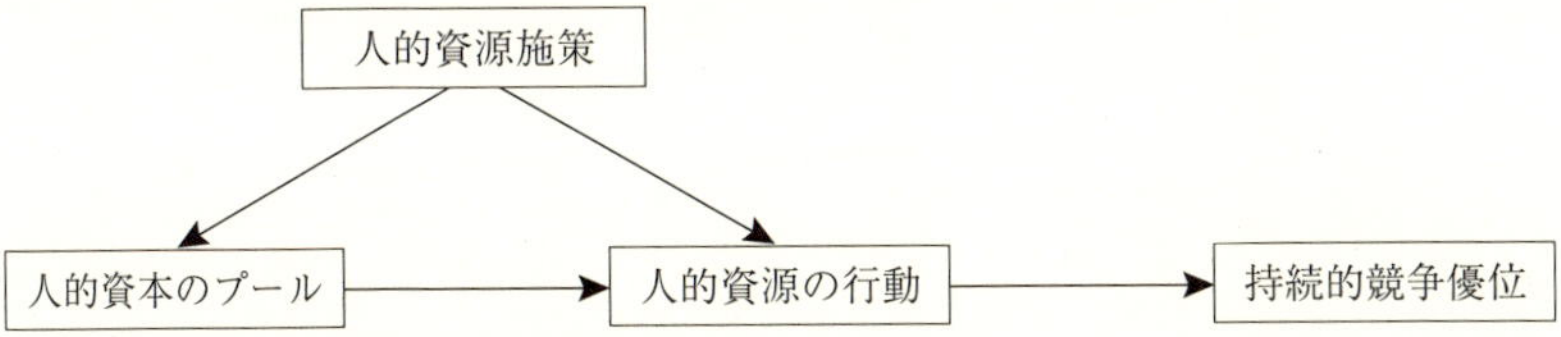

出所：Wright et al.,〔1994〕, p.318.

一方、組織のコントロール様式は三つに大別される（古沢〔二〇〇四・二〇〇七a・二〇〇八〕）。第一は、経営トップに権限を集中させる「集権化」である。集権化はシンプルで分かりやすい様式であるが、企業規模の拡大とともに、トップの過剰負担に伴う意思決定のスピードと質の低下という問題に遭遇する危険性がある。そこで、第二の様式として「公式化」が登場する。これはルールや手続きの明文化・標準化に基づいたコントロール様式で、意思決定のルーチン化を促進することにより、集権化の欠点を克服できるというメリットがある。しかし、公式化は環境変化への対応力という点で弱点がある。すなわち、あらゆる可能性を想定して規則やルールを事前に策定しておくことは不可能であり、かつそれを実行しようとすれば組織の官僚化を招来することになりかねない。こうした中、第三の様式である「社会化」が求められることになる。社会化は価値観の共有化（企業文化）によるコントロールを企図したもので、組織メンバー間の相互の信頼関係を基盤としている。今日のような不確実性の高い経済社会においては、社会化を通して、上司の指示や明示された規則がなくても、組織メンバーが各々望ましい方向に向けて行動を取る自律的な組織を構築することが要請される。そして、企業文化には「因果曖昧性」や「社会的複雑性」が高いという特質があり、それが模倣困難性を高めることとなり、競争優位の持続につながると考えられるのである（岡田〔二〇〇一〕、Afuah〔二〇〇四〕、Jacoby〔二〇〇五〕）。

この点に関して、スーパーホテルでは、かつては「集権化」による組織運営がなされていたが、企業規模の拡大とともに「社会化」への依存度を高めるようになった。それは同社が目指す顧客価値の提供には経営理念を内面化した「自律型感動人間」の育成・確保が必須であるとの認識に至ったからに他ならない。そして、採用・育成・評価といった人事サイクルとの連動を通して社会化のプロセスを加速し、企業文化の創造に注力している。その意味でスーパーホテルの人的資源管理は、人的資源を顧客価値の提供に向けた最重要資源と位置づける全体戦略との「外的整合性」（external fit）、全ての人事施策が自律型感動人間に収斂するという意味での「内的整合性」（internal fit）という二つの整合性（伊藤〔二〇〇八〕）を満たしている点に特徴があると言えよう。

五　おわりに

本章ではアファー（Afuah〔二〇〇四〕）の所説をベースに、ビジネスモデルの理論的枠組みについて考察するとともに、株式会社スーパーホテルの事例研究からインプリケーションを導き出した。

アファーの「ビジネスモデル」論の特徴は、ポジショニング理論と資源ベース理論の統合にある。アファーによれば、競争優位は業界要因と企業特殊的要因の双方に依存しており、とりわけ重要となるのが「顧客価値」の創出とコーペティターに対する相対的バーゲニングパワーを通した価値の専有である。[22] そして、顧客価値の創出・専有を図るには適切な「活動」を行う必要があり、そのためには「資源と能力」の活用・構築が求められる。

スーパーホテルが追求する「顧客価値」は、頻繁に出張するビジネスパーソンに対する「低価格かつ高品質」なサービスである。そして、低価格と高品質という二律背反的課題に対処するため「やらない事を決める」「やることの合理化」「サービスの深掘り」という一連の「活動」に取り組んでいる。一方、「資源と能力」については、高品質のサービスの中核をなす「個別サービス」の担い手として「自律型感動人間」の重要性を訴え、人的資源管理施策との連動を通してその育成・確保を図るとともに、社会化のプロセスの強化に努めている。われわれは、スーパーホテルの事例研究から、①ビジネスモデルの出発点は顧客の定義にあること、②「二元性」の両立が競争優位に資すること、③人的資源・人的資源管理と企業文化を通して優位性の持続を図ることをインプリケーションとして提示できるであろう。

最近、スーパーホテルは、「安全・清潔・ぐっすり眠れる」に続く新たなコンセプトとして「日本一のロハスホテル」を掲げている。ロハス（ＬＯＨＡＳ）とは、"Lifestyles of Health and Sustainability"の略で、健康で持続可能なライフスタイルを意味する。スーパーホテルでは「人も地球も元気にすること」がロハスであると考えており、例えば、野菜ソムリエが旬の食材を使ったメニューを考案する地産地消の「健康朝食」の提供や天然温泉併設店の強化[23]のほか、客室の天井に調湿・脱臭効果のある珪藻土を導入するといった施策が実施されている。そして、地球環境問題へも注力している。具体的には、水道、電気、紙の使用量などの節減[24]を通して、樹齢五〇年の杉の木換算で年間三七、六八四本分のCO_2を削減するとともに、発展途上国のクリーンエネルギー事業への協力を通してカーボンオフセットに取り組んでいる。また、二〇〇九年三月オープンの「スーパーホテルＬＯＨＡＳ ＪＲ奈良駅」では「エコひいき活動」と称して、宿泊客が歯ブラシや箸を持参したり、清掃不要の申し出を行った場合には、その地域のお菓子やミネラルウォーターをプレゼントするといった制度がスタートした[25]。

最後に、スーパーホテルのビジネスモデルの課題について考えてみる。それは出張者が少なくなるウィークエンドの稼働率をいかに高めるかということである。この点についてスーパーホテルは、若年層を中心とした観光客をターゲットと考えているようである。こうした市場セグメントは、「宿泊費用を極力抑え、食事はホテルの外でとりたい」という点でビジネスパーソンと同種のニーズを有していると考えられる。しかし、観光客に出張者のようなリピーター化を期待することは困難であり、また個別サービスの提供という武器がどこまで通用するかも定かではない。加えて、スーパーホテルは全店舗の約三分の二が工業地帯に立地していることから観光ニーズとのロケーション上のミスマッチが生じる可能性もある。こうした問題への対処が今後の経営課題であると考えられる。

[注]

（1）アファー（Afuah〔二〇〇四〕）は、「専有」を「創出された価値に相応しい利益を得ること」と定義している。

（2）ポーター（Porter〔一九八〇〕）では、競争要因として「売り手（サプライヤー）の交渉力」「新規参入の脅威」「買い手（顧客）の交渉力」「代替製品・サービスの脅威」「業者間の敵対関係」の五つが示されている。

（3）アファーは、資源の模倣困難性を高める要因として、「歴史的コンテクスト」「因果曖昧性」「成功が成功を生むこと（Success breeds success.）」「時間圧縮の困難性」「侵食に対する戦略的な阻止」「資源の相互連結性」を挙げている。

（4）本事例研究は、株式会社スーパーホテルに対する三回の訪問・インタビュー調査（二〇〇九年一〇月二七日、一一月五日、二〇一〇年一月二三日）のほか、関連の文献・資料に基づいている。

（5）年間利用客数は約二七〇万人（二〇〇八年度）で、全店舗の約三分の一が都心部、約三分の二が工業地帯に立地している。

（6）現在、マンション事業は別会社化されている（約六、〇〇〇室を管理）。

（7）株式会社スーパーホテルの北原秀造取締役によると、一般的にホテル宿泊客の中で館内の有料レストランを利用するのは三五％程度にすぎないという。

（8）フロント閉鎖時の緊急事態は、夜間フロント・センターが対応する。また、万一センターで対応不可の場合は、ホテル内に居住している支配人・副支配人の手に委ねられる。

（9）チェックイン・チェックアウトの情報は、リアルタイムで本社へ送信され、一括して経理処理が行われる。なお、スーパーホテルは、関西地域において、ITを活用し優れた業績をあげた中堅・中小企業を顕彰する「関西IT活用企業百撰」（関西I

T戦略会議主催）に選出されている。

(10) こうした取り組みの結果、スーパーホテルでは、フロントの人件費を三〇％節減できたという。

(11) ベッドの位置を低くすることで、部屋が広く感じられるという効果もある。

(12) このパジャマには世界八カ国で特許を取得した「ＭＩＣＡ加工」が施されている。また、スーパーホテルでは「安眠」のための防音や照明に工夫をこらしている。窓は二重サッシにし、どの部屋も四〇デシベル以下に設計するとともに、新幹線の振動については、土地に根切りを入れて建物に響かないようにしている。また、冷蔵庫も静音タイプのものを導入している。照明に関しては、人間の生態のリズムに合わせて、客室は照明が若干暗め、廊下は少し明るめ、そしてロビーは最も明るくしている。さらに、天然鉱石を加工したスリッパは血液循環を改善し、ＭＩＣＡ加工によって作られた「力水」はマイナスイオンを多く含み、体内のイオンバランスを整える効果があるという（『経営とＩＴ新潮流』二〇〇九年六月三〇日）。

(13) 本制度を導入した当初、返金額は月数百万円にも達したが、最近では一〇〇万円を切っている（『日経情報ストラテジー』二〇〇九年五月号）。

(14) アルバイト従業員に対しては、「ランクアップシート」と同様の「レベルアップシート」というツールがあり、目標達成度に応じて時給が改訂される。

(15) 但し、男性同士の応募は不可となっている。また、支配人・副支配人に対しては、ホテル内に１ＬＤＫの住居が家賃・光熱費無料で提供される。なお、契約終了後については、①再契約、②支配人・副支配人として得た資金とノウハウを活かした独立開業、③本社の店舗担当への転身などの選択肢がある。なお、契約終了後も年一回支配人・副支配人のＯＢ・ＯＧ会を開催し、スーパーホテル側との情報交換を行っている。

(16) 接客能力に関して、かつては外部での集合研修を取り入れていたが、ロールプレイング方式による教育の限界や、研修を受けた者がそれを現場に戻って実践しようとすると却って浮いてしまうといった問題点を認識したことから、直接各店舗へ出向いて教育する方式へと切り替わった。

(17) 各店舗のベストプラクティスは、半年ごとに一冊にまとめられて配布される。

(18) 具体的には、「５Ｗｈｙｓ」（なぜなぜ五回）や「パレート分析」「ペイオフ・マトリクス」（実行が容易で効果が大きい課題の選択）

などをツールとして改善行動計画書を提出し、部門長の承認を経て実行に移される。そして、提案制度と同様に優秀チームが表彰される。例えば、二〇〇八年度は客室の修理業務の内製化手順を策定したチームが大賞を獲得した(『日経情報ストラテジー』二〇〇九年五月号)。

(19) 北原取締役によると、客室稼働率の業界平均は七〇%前後である。

(20) 但し、ポーター(Porter〔一九八五〕)は複数の戦略の同時達成による恩恵を認めつつ、両者を追求することで戦略の焦点が曖昧になり競争力が低下する危険性を"stuck in the middle"という言葉で描写している。

(21) 上で取り上げた諸学説における「人的資源 vs. 人的資源管理」の議論は、組織メンバーの行動や行動のパターン(組織ルーチン)を人的資源に付随したものと見なすか、それとも人的資源管理の結果として導出されるものと捉えるかという視点の差異に起因したものと思われる。この点については別途詳しく論じてみたい。なお、「組織ルーチン」については、ネルソン=ウィンター(Nelson & Winter〔一九八二〕)を参照。

(22) 本章では、スーパーホテルのコーペティターに対するバーゲニングポジションなど顧客価値の専有については必ずしも十分な考察ができなかった。筆者の今後の課題としたい。

(23) スーパーホテルCity大阪天然温泉(大阪市西区)は、二〇〇七年三月に厚生労働省から「温泉利用プログラム型健康増進施設」として認定され、天然温泉の正しい入浴法の講習を受けた「温泉入浴指導員」が常駐している。

(24) 例えば、客室のバスタブ内に満水ラインを表示することやシャワーヘッドを節水型に切り替えること、電球をLEDに転換していくことなどが挙げられる。また、宿泊客がほとんどいない午前一〇時から午後三時は館内の照明の明るさを落としている。

(25) 北原取締役によると、こうした取り組みの背景には企業の社会的責任(CSR)のみならず、消費者の商品選択基準の変化(企業の環境問題への取り組みを重視する傾向)がある。

[参考文献]

Afuah, A.〔2004〕*Business Models: A Strategic Management Approach*, McGraw-Hill/Irwin.

Barney, J. B.〔1991〕"Firm Resources and Sustained Competitive Advantage", *Journal of Management*, Vol. 17 (1).

Barney, J. B.〔2001〕*Gaining and Sustaining Competitive Advantage* (*2nd. ed.*), Prentice Hall.

Bartlett, C. A. & S. Ghoshal〔1989〕*Managing Across Borders: The Transnational Solutions*, Harvard Business School Press.

Bartlett, C. A. & S. Ghoshal〔1995〕*Transnational Management: Text, Cases, and Readings in Cross-Border Management*, Times Mirror Higher Education Group.

Brandenburger, A. M. & B. J. Nalebuff〔1996〕*Co-opetition*, Currency Doubleday. 嶋津祐一・東田啓作訳〔一九九七〕『コーペティション経営』日本経済新聞社。

Doz, Y. L., J. Santos & P. Williamson〔2001〕*From Global to Metanational:How Companies Win in the Knowledge Economy*, Harvard Business School Press.

Grant, R. M.〔1991〕"The Resource-Based Theory of Competitive Advantage:Implications for Strategy Formulation", *California Management Review*, Vol. 34 (1).

Grant, R. M.〔2007〕*Contemporary Strategy Analysis* (*6th ed.*), Wiley-Blackwell. 加瀬公夫監訳〔二〇〇八〕『グラント 現代戦略分析』中央経済社。

Hamel, G. & C. K. Prahalad〔1994〕*Competing for the Future*, Harvard Business School Press.

Hedlund, G.〔1986〕"The Hypermodern MNC —— A Heterarchy?", *Human Resource Management*, Vol. 25 (1).

Herzberg, F.〔1959〕*The Motivation to Work*, Transaction Publishers.

Huselid, M. A.〔1995〕"The Impact of Human Resource Management Practices on Turnover, Productivity, and Corporate Financial Performance", *Academy of Management Journal*, Vol. 38 (3).

Jacoby, S. M.〔2005〕*The Embedded Corporation: Corporate Governance and Employment Relations in Japan and the United States*, Princeton University Press.

Kamoche, K.〔1996〕"Strategic Human Resource Management within A Resource-Capability View of the Firm", *Journal of Management Studies*,

Vol. 33 (2).
Kim, W. C. & R. Mauborgne〔2005〕*Blue Ocean Strategy*, Harvard Business School Publishing Corporation. 有賀裕子訳〔二〇〇五〕『ブルー・オーシャン戦略——競争のない世界を創造する——』ランダムハウス講談社。
Lado, A. A. & M. C. Wilson〔1994〕"Human Resource Systems and Sustained Competitive Advantage: A Competency-Based Perspective", *Academy of Management Review*, Vol. 19 (4).
Lawrence, P. R. & J. W. Lorsch〔1967〕*Organization and Environment: Managing Differentiation and Integration*, Harvard University Press.
Nelson, R. R. & S. G. Winter〔1982〕*An Evolutionary Theory of Economic Change*, Harvard University Press.
Porter, M. E.〔1980〕*Competitive Strategy*, The Free Press.
Porter, M. E.〔1985〕*Competitive Advantage*, The Free Press.
Prahalad, C. K. & G. Hamel〔1990〕"The Core Competence of the Corporation", *Harvard Business Review*, Vol. 68 (3).
Schumpeter, J. A.〔1934〕*The Theory of Economic Development:An Inquiry into Profits, Capital, Credit, Interest, and the Business Cycle*, Harvard University Press. 中山伊知郎・東畑精一訳〔一九五一〕『経済発展の理論』岩波書店。
Wright, P. M. & G. C. McMahan〔1992〕"Theoretical Perspectives for Strategic Human Resource Management", *Journal of Management*, Vol. 18 (2).
Wright, P. M., G. C. McMahan & A. McWilliams〔1994〕"Human Resources and Sustained Competitive Advantage: A Resource-Based Perspective", *International Journal of Human Resource Management*, Vol. 5 (2).

石田英夫編著〔一九九四〕『国際人事』中央経済社。

伊藤健市〔二〇〇八〕『資源ベースのヒューマン・リソース・マネジメント』中央経済社。

岩出博〔二〇〇二〕『戦略的人的資源管理の実相——アメリカSHRM論研究ノート——』泉文堂。

岡田正大〔二〇〇一〕「RBVの可能性 ポーター vs. バーニー論争の構図」『ダイヤモンド・ハーバード・ビジネス』（五月号）。

関西生産性本部・スーパーホテル〔二〇〇八〕『二〇〇七年度経営品質報告書』。

経済産業省商務情報政策局〔二〇〇五〕『「上質サービス企業」の法則』経済産業新報社。

経済産業省商務情報政策局監修〔二〇〇五〕『「上質サービス企業」八人のリーダーに聞く』経済産業新報社。

國領二郎〔二〇〇三〕「ビジネスモデルとプラットフォーム」國領二郎・野中郁次郎・片岡雅憲『ネットワーク社会の知識経営』NTT出版。

蔡仁錫〔一九九八〕「人的資源管理論のフロンティア――戦略的人的資源管理論（SHRM）――」『組織科学』（第三一巻第四号）。

関口倫紀〔二〇〇一〕「関係性重視の人的資源管理に向けた理論的考察」『ビジネス・インサイト』（第九巻第三号）

中橋國藏〔一九九七〕「経営資源と独自能力」柴田悟一・中橋國藏編著『経営管理の理論と実践』東京経済情報出版。

日本経営品質賞委員会・スーパーホテル〔二〇一〇〕『二〇〇九年度経営品質報告書』。

古沢昌之〔二〇〇四〕「多国籍企業の『社会化』に関する考察」『大阪商業大学論集』（第一三三号）。

古沢昌之〔二〇〇七a〕「多国籍企業における『調整メカニズム』に関する一考察」『大阪商業大学論集』（第一四五号）。

古沢昌之〔二〇〇七b〕「ベンチャー企業の経営――起業家の『志』と『ビジネスモデル』の重要性――」佐々木保幸・南方建明・古沢昌之・酒井理『大学生のためのアントレプレナーシップ入門』大阪商業大学。

古沢昌之〔二〇〇八〕『グローバル人的資源管理論――「規範的統合」と「制度的統合」による人材マネジメント――』白桃書房。

南方建明〔二〇〇七〕「顧客ターゲットとマーケティング・ミックス」佐々木保幸・南方建明・古沢昌之・酒井理『大学生のためのアントレプレナーシップ入門』大阪商業大学。

安室憲一〔二〇〇七〕「ビジネスモデル分析の枠組み」安室憲一・ビジネスモデル研究会編著『ケースブック ビジネスモデルシンキング』文眞堂。

『大阪日日新聞』（二〇〇九年二月二〇日）。

『経済産業新聞』（二〇〇四年六月五日）。

『KPC NEWS』（二〇〇八年七・八月号）。

『新経営研究』（二〇〇八年一〇月号）。

『生産性新聞』(二〇〇八年九月一五日)。

『ダイヤモンドオンライン』(二〇〇八年九月二六日)。

『日経情報ストラテジー』(二〇〇九年五月号)。

『日経情報ストラテジー』(二〇一〇年一月号)。

『日経ビジネス』(二〇〇八年九月二九日号)。

『日経ＢＰ ｎｅｔ』(二〇〇九年六月三〇日)。

『日経流通新聞』(二〇〇九年五月二〇日)。

『日本経済新聞』(二〇〇七年九月九日)。

『日本経済新聞』(二〇〇八年一〇月一四日夕刊)。

『日本経済新聞』(二〇〇八年一〇月一五日夕刊)。

『日本経済新聞』(二〇〇八年一〇月一六日夕刊)。

『日本経済新聞』(二〇〇八年一〇月一七日夕刊)。

『フジサンケイビジネスアイ』(二〇〇七年九月二八日)。

『毎日新聞』(二〇〇九年四月二七日夕刊)。

『毎日新聞』(二〇〇九年一〇月二六日)。

『毎日新聞』(二〇〇九年一二月一四日夕刊)。

株式会社スーパーホテル ホームページ (http://www.superhotel.co.jp)

日経ＢＰ社サイト「経営とＩＴ新潮流」(二〇〇九年六月三〇日)。

第三章　韓国財閥の組織体制と企業戦略

安　熙錫

一　はじめに

近年、厳しい世界経済情勢の中でも業績を伸ばしているサムスン電子、現代自動車、ＬＧ電子などの韓国企業の経営に関して人々の関心が集まっている。このような韓国企業はその歴史が浅く、一般的には財閥と呼ばれるグループを形成し、それは一つの強固に結合された企業組織体のごとく活動している。このような財閥は韓国経済に占めるウェイトが高く、このため、その重要性は容易に想像することができる。

このような韓国財閥はどのような成長過程を通じて発展を遂げ、それはどのような仕組みを通じてグループ企業を束ね、どのような戦略を展開することで現在のような世界的な企業となったのだろうか。そこには韓国財閥に特有の組織と戦略が存在したためではないかと思われる。そしてそれらは経時的にどのような変化を遂げてきたのだろうか。

このような問題を解明するために本章ではまず、韓国企業、つまり韓国財閥を中心としてその成長・発展のプロセスを検討する。次に、そうした企業成長を実現させた組織体制と企業戦略の二つの側面に関して検討していく。それに際しては、グループ本社機構、意思決定、戦略行動を中心として分析をしていく。こうした一連の分析の基本前提として存在するのが「戦略は組織にしたがう[1]」という視点である。

二　韓国財閥の形成と発展

韓国企業の始まりは日本の植民地時代まで遡ることができる。しかし、それが本格的に台頭するようになったのは一九四五年の植民地支配からの解放以降である。このような韓国企業の生成に大きな貢献をしたのは、解放後、日本人が残していった帰属財産、帰属事業体である。つまり、植民地支配下での日本人の財産は終戦後、米軍に押収され、後に、それは韓国政府にわたり、民間へと安い値段で払い下げられることとなった。加えて、米国などからの経済援助も韓国企業の誕生に貢献をした。終戦後、米国は様々な形での経済援助を韓国に対して実施した。これらのものを手に入れ、事業基盤とすることで韓国企業は「企業」としての形を保つようになった。

このようにして誕生した韓国企業は一九六〇年代からの韓国政府主導による経済開発政策に歩調を合わせる形で、軽工業や重化学工業などの新しい産業分野へと次々に参入していった。同時に、この時期には政府主導の下、韓国企業による海外輸出も行われた。このような過程を経て、韓国企業は成長を遂げ、大企業グループとしての「財閥」を形成するようになった。実際、こうした韓国大企業＝財閥企業の設立は解放から一九六〇年代にかけて圧倒的に多いことが図表3-1からも窺える。そしてこれら大企業は一九七〇年代の重化学工業化の時代を経ることによって、一段とその企業規模を拡大させたのである。

その後、韓国企業は一九八〇年代からの内外の厳しい政治・経済状況の下でも半導体や新素材などの先端産業分

図表3-1　韓国100大企業グループにおける親会社の設立

設立時期	解放（1945年8月15日）以前	解放から韓国戦争（1950年）	韓国戦争～1959年	1960年代	1970年代	1980年～1982年
企業数	21	20	28	26	4	1
累積企業数	21	41	69	95	99	100

出所：孔楨子『韓国大企業家家族ノ婚脈ニ関スル研究』梨花女子大学博士論文〔1989〕、79頁より作成。
注）ちなみに、大宇グループの親会社である大宇実業の設立は1967年である。

野への拡張を続けた。加えて、狭い国内市場から抜け出すために六〇年代からの輸出主導政策を堅持しながら、積極的に海外にも進出していった。このような過程を経る中、一九九〇年代に入ってからは、それまで韓国企業を成長へと導いてくれた経済開発政策は姿を消し、国内市場開放に伴う産業自由化政策が実施されるなど、経済自由化の波が押し寄せた。このように韓国企業は九〇年代半ばまで継続的に企業規模の拡大という成長指向の企業目標を追求してきたのである。

このように成長を続けてきた韓国財閥は韓国を襲った一九九七年の経済危機によって大きな試練を迎えることとなった。そこでは政府と企業による二人三脚の構造改革、つまり企業構造調整と呼ばれる大規模なリストラクチャリングが断行された。その結果として、財閥企業は従来よりもスリムな事業構造となった。半面、この九七年の経済危機を転機として大手財閥企業とその他との間において企業規模や業績などにおいて二極化の現象も現れるようになった。この過程において韓国財閥は「選択と集中」、さらには「集中と拡大」へと方向転換をすることで、さらなる飛躍を模索している。[2]

このように韓国企業は一九六〇年代から二〇〇〇年代までの約半世紀にわたり短期間のうちに急速な成長・発展を遂げてきたが、そうした成長の中核を担ったのが財閥ないしは財閥企業と呼ばれる企業グループ・企業集団である。このような財閥に対する明確な定義は存在しないが、韓国政府の定めた基準に従えば、図表3-2にみられるような企業などが財閥と呼ぶことができよう。その中でも現在では特に、サムスン、現代自動

図表3-2　韓国の主要な財閥

順位	グループ名	資産総額（兆ウォン）
1	サムスン	144.4
2	現代自動車	74
3	ＳＫ	72
4	ＬＧ	57.1
5	ロッテ	43.7
6	ＧＳ	31.1
7	現代重工業	30.1
8	錦湖アシアナ	26.7
9	韓進	26.3
10	ハンファ	20.6
11	斗山	17
12	ＳＴＸ	10.9
13	新世界	10.7
14	ＣＪ	10.3

出所：韓国公正取引委員会資料。
注）出資総額制限対象に指定されている14大財閥〔2008〕。こうした財閥は資産規模が10兆ウォン以上であり、この場合、系列会社に対する出資額は純資産の40％までとなっている。

車、ＳＫ、ＬＧが主要な四大財閥と呼ばれている。

従来、このような財閥の主な特徴として挙げられていたのは次のような二点である。それは第一に、所有と経営の一致に伴う創業者家族によるオーナー経営であること、第二に、積極的な多角化に伴う多様な事業構成と多数の系列会社から構成されていること、である。(3)しかしながら、近年に至っては財閥企業における兄弟間での財産分割などによる独自の企業グループとしての分離・独立や九七年の経済危機を前後しての事業売却や分社化などに伴う大規模な事業構造調整などに伴い、第二の特徴は少し薄れてきている。しかしながら、第一の特徴は、過去も現在も依然として健在といえる。

このような特徴をもつ韓国財閥の成長・発展に寄与してきたのはオーナー経営を支え

てきた組織体制と企業戦略であったといえよう。それは韓国財閥が置かれていたこれまでの不確実な環境下におけるオーナー経営者による強力なリーダーシップとそれをサポートする精緻な組織構築および多角化、国際化などの企業戦略の結果によるものといえる。

三　韓国財閥の企業管理と組織構築

一　オーナー経営とグループ統括組織

韓国財閥の大きな特徴の一つにオーナー経営があることは前述したが、こうした財閥オーナーによる経営面への関与の基盤となっているのが彼らによるグループ企業に対する高い持株比率である。韓国財閥における家族およびグループ系列会社などによる内部持株比率は二〇〇三年時点においてオーナー家族所有分が五・二％、系列会社所有分が四一・三％、これら二つを合わせて四六・五％[4]となっており、かなりの所有の集中がみられる。

このように韓国財閥における株式の内部所有比率が四〇％台以上であるということは、韓国財閥のオーナーは多くの場合において株主総会での安定的な議決権を行使することができる。その結果として、オーナーは株式保有による所有面のみならず、それをベースにして経営面においても積極的な経営参加が行われている。つまり、韓国財閥のオーナー＝所有経営者は自らは少ない株式保有にもかかわらず、グループ企業＝系列会社などからの支援を受けることで実質的にはすべてのグループ企業を支配、経営できるようになっている。

他方、韓国財閥のもう一つの特徴である多角化による多様な事業分野への進出と多数の系列会社は、韓国企業が一九六〇年代からの高度経済成長の中で積極的な非関連多角化を展開してきた結果によるものである。この場合、韓国企業は非関連多角化に伴う新規事業の担当は、既存事業との事業性格上の相違などの理由から既存の企業内で対応するよりも法的に独立した新たな系列会社を設立することで、その組織対応を行ってきた。その結果として、韓国三〇大財閥において系列会社数は増加傾向を示し、それは一九七〇年の平均系列会社数は四・二社から八二年には一三・四社、九二年には一九・一社、九七年には二七・三社[5]へと継続的に増加したのである。

韓国財閥の創業経営者はこのように増加する系列会社を効果的に管理・コントロールするために「グループ統括組織」と呼ばれる管理組織を誕生させた。この組織はサムスンによって一九五九年に最初に導入され、一九六八年にはLG、その後、一九七〇年代には他の多くの財閥企業にも普及していった。こうした組織はサムスンでは「秘書室」、LGでは「企画調整室」、SKでは「経営企画室」など、多様な名称で呼ばれている。

サムスンにおけるこうした組織の設置目的は、第一に、新規事業進出のための調査と研究、第二に、グループ系列会社に対する人事、財務、研究開発などにおけるグループレベルでの計画と調整、第三に、グループ系列会社に対する業績評価などである[6]。つまり、こうしたグループ統括組織は韓国企業による高度経済成長時代における積極的なグループ戦略の遂行と複雑化するグループ内系列会社のコントロールとその調整が大きな役割であり、こうしたグループ統括組織を通じてオーナー会長はグループ企業を管理・コントロールしてきたのである。

しかしながら、サムスンにおいてグループ統括組織、つまり秘書室がもっているこうした三つの主要な機能は秘書室の設立当初から存在したものではない。それは当初の一九五九年には系列会社に対する資金管理とその配分、そして新入社員の採用、配置などといった資金および人事機能がメインであり、このため、その人員も約二〇人程度でスタートしている。その後、グループの規模が拡大され、環境変化に伴う情報収集と新規事業進出、そして長期的な戦略策定などの重要性が増すことで情報提供と戦略策定の機能が追加された。加えて、系列会社数が増加することに伴

図表3-3　サムスンの秘書室における中核機能の変化

グループの成長段階	基盤構築期（60年代末）	高度成長期（70年代～80年中盤）	転換期（80年代後半～90年代）
秘書室の特性	機能の拡大、経営者の分身、人事・財務機能の重視	権限の集中、統制・調整の強化、企画・調査、監査・経営指導機能の重視	権限の縮小、支援の役割強化、広報、国際化、技術管理機能の強化
企画／調査	○	◎	◎
資金／財務	◎	◎	○
人事／教育	◎	◎	○
監査／経営指導	◎	◎	○
広報		○	◎
国際化			◎
技術管理			◎

出所：全龍昱＆韓正和『韓国・三星グループの成長戦略』日本経済新聞社〔1997〕、78頁を一部修正。
注）○は重要、◎はきわめて重要。

い、そうした系列会社を効率的に管理する必要性から系列会社を評価し、コントロールする機能なども新たに追加されるようになった[7]。このような結果として、サムスンの秘書室は一九九〇年においては一五チームからなる約二五〇人の人員を有するに至った。

このようなサムスンにおける秘書室の機能を時代別にみたのが図表3-3である。それをみると、秘書室は時代の変遷と共にその役割や機能面においてその中身が変わっていることが窺える。つまり、サムスンの場合、秘書室は設置当初の一九六〇年代に重視されたのは人材および資金の獲得や配分といった人事・財務機能であった。それが一九七〇年代、八〇年代の経済成長を経る過程の中で、それは新規事業などに対する企画・調査機能、さらには、その後、企業の積極的な海外進出に伴い、国際化の機能などへとその重心が移行していることを窺うことができる。

しかしながら、このようなグループ統括組織は法制上、グループ内のどの系列企業にも属さず、なんら法的根拠をもたない組織である。そしてそこに配属される職員は系列企業から出向の形を採り、彼らに対する給与は各所属企業から支給される仕組みとなっている。このようなグループ統括組織は一九八〇年代後半まで韓国財閥の成長と共に拡張を続けたが、その後、こうした組織はオーナー支配を助長するなどによる韓国政府の財閥規制に伴い、一九九〇年代に入ってからはその規模が多少縮小されることとなった。

他方、韓国財閥においてはオーナー＝グループ会長の意思を実行に移すための系列会社社長を集めた「社長団会議」が存在していた。しかしながら、企業規模の拡大による系列会社数の増加に伴い、多くの系列会社社長がこうした社長団会議に参加するのは難しく、このため、大手財閥ではグループの主要企業のトップが参加する「グループ運営委員会」を設置したのである。そこでは新規事業進出、グループ内の資本移転、最高経営陣の任命と人事異動など、グループ全般とかかわるような重要な案件が取り扱われた(8)。

二　経済危機と組織改編

一九九七年末、韓国を襲った経済危機は従来型オーナー主導による財閥運営に対して軌道修正を迫るものであった。そこでは財閥オーナーによるグループ主力企業の代表取締役への就任とそれまでオーナー経営を支援してきたグループ統括組織や社長団会議の廃止などといった一連の財閥改革が韓国政府主導で精力的に行われた。

しかしながら、その後、韓国政府は経済危機直後の財閥による企業構造調整の担当組織として期間限定的な「構造調整本部」の設置を認め、このため、グループ統括組織は大手財閥を中心に構造調整本部として組織改編された。例えば、サムスンでは一九九八年にそれまでの秘書室組織を「構造調整本部」として名称変更しており、こうしたサムスンの構造調整本部では、二〇〇四年時点においてその本部長を中心に法務室、財務、経営診断、企画、人事、広報、秘書の一室・六チームで編成され、それは各系列会社から派遣された約一〇〇人から構成されている。こうした構造

図表3-4　韓国財閥の経営機構（経済危機以降）

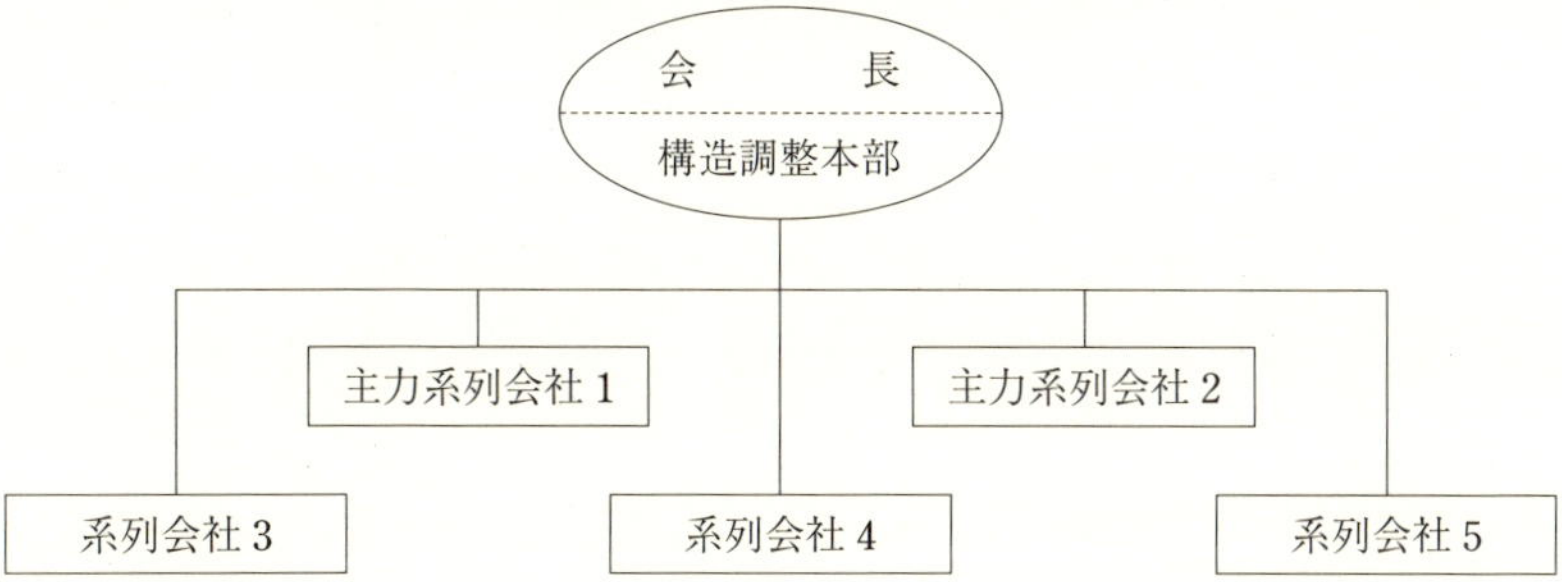

出所：毎日経済産業部ほか編『韓国財閥未来ハアルノカ』毎日経済新聞社〔2000〕、47 頁を一部修正。

調整本部の主な業務は経済危機に伴うグループ内系列会社の構造調整とその事業再編などである。[9]

さらに、経済危機後、サムスンでは社長団会議もサムスン電子副会長を座長として毎週水曜日に全系列会社の社長が集まる「水曜会」と呼ばれる会議体へと変更になった。そこでは一週間にわたる主な経営案件に対する意見交換などが行われている。[10] 加えて、サムスンでは従来のグループ運営委員会に代わる新たなグループの最高意思決定機構として、七人で構成される「構造調整委員会」が設置された。それは隔週水曜日に開催され、そのメンバーにはサムスン電子副会長、サムスン構造調整本部長など、サムスングループの主要系列会社の限られたトップが集まる。そこでは新規事業進出、外国企業との合弁、大規模な投資、構造調整戦略などといった比較的重要な案件に対して互いの意見を調整する。そこで議論されたことに対する最終的な意思決定は構造調整本部長によって李健熙会長に報告され、承認を得る形式を採っているのである。[11]

このように韓国財閥におけるオーナー会長を中心とした経営体制を支える組織体としてグループ統括組織や社長団会議などが経済危機を前後して、多少その性格は異にしているもののその中身については従来と大きくは変わっていない。このような経済危機以降の韓国財閥におけるグループ本社組織の再編に伴う経営機構は図表3-4のように示すことができる。

経済危機以降、韓国財閥において設置された構造調整本部という組織は、その後、企業ガバナンス面において経営の透明性を求める社会的な要請と財閥自らの系列会社主体による自律経営に対する認識の高まりなどから二〇〇六年末までには韓国の主要財閥において廃止されることとなった。[12] 例えば、LGの構造調整本部は二〇〇三年の持株会社への移行に伴い廃止され、SKではグループの主力企業であるSK（株）の理事会（取締役会）の傘下に「投資会社管理室」を設けることでグループ関連業務を調整している。

他方、サムスンでは二〇〇六年三月にそれまでの構造調整本部の機能を大幅に縮小して「戦略企画室」へと新しく改編した。それは戦略支援、人力支援、企画広報の三チームからなる約一〇〇人で構成され、その業務内容はグループ中長期戦略の策定に軸足を移している。その後、サムスンでは二〇〇八年四月、李健熙会長の不祥事に伴うグループ会長職の辞任に伴い、同年七月には各系列会社による独立経営体制を実行に移すという名目で戦略企画室を解体し、それまでの社長団会議（＝水曜会）をグループ最高協議機構として格上げして「社長団協議会」として設置している。

このようにサムスンでは長年にわたるオーナー会長↓秘書室・構造調整本部・戦略企画室↓系列会社からなる経営体制を、戦略企画室を解体することで、今後はグループ最高協議機構である社長団協議会を中心としてグループ運営をしていくというのである。その場合、サムスンでは約三〇人で構成される社長団協議会ではあまりにも人数が多く、このため、実質的な議論ができないという理由から、社長団協議会の中に「投資調整委員会」を設けている。この委員会は系列会社間での重複事業を整理し、グループレベルでの新規投資などの新たなビジネスの種を発掘する会議体である。そのメンバーはサムスン電子副会長、サムスン生命社長など主要企業の七人のトップから構成されている。

四　韓国財閥の意思決定と戦略行動

一　集権的な意思決定構造

韓国財閥はその短い企業歴史にもかかわらず、短期間のうちに急速な成長を遂げてきたが、その成長過程において企業経営の中核を担ってきたのは一貫してオーナーと呼ばれる所有経営者たちであった。こうしたオーナーと呼ばれる人たちは創業当初は創業者自身であったし、現在では創業者から経営権を受け継いだ彼らの二世・三世である。このように財閥オーナーは激しい政治・経済状況の中で企業規模を拡大させ、さらなる成長のための戦略を立案し、系列会社を管理するための組織部門を整備してきた。そしてそのような組織のサポートを受けながらオーナー中心の集権的な意思決定を行うことで、韓国財閥は短期間のうちに急速な企業成長を達成することができたのである。その帰結として、オーナー会長の意思決定を支援するために設置されたのが経済危機以前では秘書室などのグループ統括組織であり、また、系列会社社長による社長団会議とその上位組織であるグループ運営委員会であった。

このような韓国財閥によるオーナー会長、グループ統括組織、社長団会議などによる意思決定構造の下、韓国財閥における意思決定は実際にどのように行われてきたのだろうか。このような意思決定の問題に関しては、その実態が明確ではなく、また、それは財閥オーナーの個人的な性格などにも左右されることからそれを見極めるのは難しいといえる。そうした中、金〔一九八九〕による韓国財閥における意思決定方式に関する調査をみると、財閥における主要な戦略の意思決定は「主要系列会社社長のサポートを受けながらグループ会長が独自に行うか」（七・七％）、そうでなければ、「グループ統括組織やグループ上層部に位置する少数の人たちのサポートを受けながらグループ会長が決

図表3-5　韓国10大財閥におけるグループ運営の方式

グループ運営の方式	全体平均(5点尺度)	頻度(%)		
戦略的意思決定および企業運営方針 グループ中心の運営(1)－系列会社中心の運営(5)	3.13	グループ	中立	系列会社
		37.0	19.3	43.8
グループ本社－系列会社間の全般的な関係 垂直的な関係(1)－対等な関係(5)	2.83	垂直	普通	対等
		44.7	23.7	31.6

出所：権錫均「韓国企業ノ組織」趙ヨンホほか『組織人事、労使関係』博英社〔2002〕、84頁。

定を行っている」（七六・九％）のである。逆に、「系列会社社長に一任して決定をする」（〇・〇％）ケースは全く存在しない[13]。

このように韓国財閥において意思決定はオーナー会長を中心として行われているが、そうした意思決定の具体的な内容に関する愼〔一九九二〕の調査によれば、グループ会長が最終的な意思決定の権限を保持している案件としては、「役員に対する人事権」（七九・九％）、「新規事業に対する投資決定」（六六・四％）、そして「海外市場への進出決定」（五五・四％）などの順となっている[14]。つまり、オーナー会長は役員人事、新規事業進出、海外市場進出などのグループ全般とかかわるようなもの、もしくはリスクの高いものといった、主要案件に対して多くの権限を保持、行使していることが窺える。そしてこうしたオーナー会長による意思決定を補完する役割を担っていたのがグループ統括組織とグループ運営委員会などであった。

しかしながら、韓国財閥におけるこうしたオーナー主導による法律を超越した形の中央統制型の集権的な意思決定構造は経済危機によって政府と世論から強い批判を受けることとなり、その結果、それまでの不透明な財閥による意思決定構造はその改革を余儀なくされた。その結果、三節の二でみたように、グループ統括組織や社長団会議等が廃止されるなど、様々な形での外形上の組織改編が進行したのである。

このような一連の組織改編の結果として、意思決定におけるオーナー会長中心のグループ本社と系列会社間の関係は、実際に九七年の経済危機を前後して変化したのであろうか。権〔二〇〇二〕の調査によれば、韓国財閥における新規事業進出や資源配分などの戦略的意思決定および企業運営方針におけるグループ本社―系列会社の関係は、図表3-5にみるように、比較的系列会社を中心に運営されていることが窺える。[15] そこでは「系列会社中心の運営に近い」（四三・八％）が「グループ中心の運営に近い」（三七・〇％）よりも高くなっており、全般的には韓国財閥において系列会社を中心とした企業経営が行われていることが窺える。加えて、グループ本社―系列会社の一般的な関係は、二〇〇〇年時点においても依然として従来のような垂直的な関係に留まっている。つまり、グループ本社と系列会社の関係は、「対等な関係」（三一・六％）よりも「垂直的な関係」（四四・七％）となっている。こうしたことはグループ本社―系列会社の関係は、経済危機後において系列会社自身による戦略的意思決定や企業運営面での自由裁量権が高まったと認識されているにもかかわらず、グループ全体としては依然として両者の関係は垂直的な関係が続いているということである。

このようなことは李ほか〔二〇〇五〕の調査によっても裏付けられている。彼らによれば、グループ本社―系列会社の関係において、グループ本社側では経済危機を前後して分権化のレベルが変化していないとしているのに対し、系列会社側では経済危機以降、さらなる分権化が進展していると認識している。しかし、その場合においても、新規事業進出と既存事業からの撤退、海外市場進出と撤退、国内外企業とのM&Aと合弁、役員の任命と処遇などに関する意思決定に関しては、依然として系列会社側よりもグループ本社側の影響力がより強い。[16]

以上のことを総合してみると、韓国財閥においては経済危機後における度重なる組織改編などに伴い、系列会社に対する権限委譲が進展し、その結果、ある程度分権的な系列会社の運営が行われていることが窺える。しかしながら、その場合においてもグループレベルの重要な意思決定に当たる役員人事、新規事業進出、海外市場進出などのコアな案件に関しては、依然としてオーナー会長を中心としたグループ本社主導による集権的な意思決定が行われている現状が窺えるのである。

これまで韓国財閥はオーナー主導による意思決定の下、積極的な戦略展開を行うことで企業成長を実現してきた。こうした韓国財閥における集権的な意思決定は韓国企業による環境変化に対する迅速な対応や積極的で果敢な投資行動となって現れた。このような韓国財閥による積極的な企業行動は韓国企業の経営目標が収益性よりも成長性の追求であったこととも関連している。そしてその具体的な戦略行動が多角化と国際化である。(17)

二　多角化と国際化の調和

韓国企業はこれまで多角化においては関連多角化よりも非関連多角化を積極的に展開してきた。実際、このような非関連多角化は一般的に成長性と相関関係が高いとされている。(18)また、国際化において韓国企業はアジア地域から北米などへと、比較的短期間の間に急速な直接投資に伴う海外進出を展開させてきた。こうした積極的な直接投資は韓国企業の成長性に対して貢献してきたのである。(19)

このような韓国企業による積極的な多角化と国際化はこれまでの韓国財閥による中央集権的な意思決定構造とも整合性があるといえよう。そこではオーナー経営者による迅速で果敢な意思決定とそれに伴う機動的な資源配分がそうした企業行動を加速させてきたのである。逆に、このような韓国財閥による過度な多角化と急速な国際化を通じた企業規模の拡大による成長追求の結果として、相対的に企業の収益性が犠牲になった側面も否めない。実際、韓国企業による非関連多角化は企業の収益性の向上にはあまり寄与していない。加えて、韓国企業による積極的な直接投資もまた、全般的には海外子会社の収益性を押し下げているのである。(20)こうしたことから韓国財閥による積極的な多角化と国際化によるグループ規模の拡大という量的な成長を指向した外形成長は、その後、経済危機を引き起こす大きな一つの原因にもなった。

韓国を襲った九七年の経済危機はそれまでの韓国財閥による積極的な多角化と国際化による外形成長という企業戦略に対して軌道修正を迫るものであった。このため、そこでは韓国財閥による様々な形での企業構造改革が実施されるようになった。

まず、多角化においては事業の統廃合や事業売却など、広範囲にわたって大規模な事業構造調整が行われた。そこでは財閥による事業集約はある程度進行している。この結果、財閥による手がける業種の数は、五大財閥でその平均業種数が一九九七年の三一個から二〇〇四年には二三個[21]へと減少している。これは経済危機以降、財閥の事業領域が全般的には多角化から集中化の方向へと動いているということを意味するものである。次に、国際化においては、経済危機に伴い、それまで急速に展開した海外事業の整理・縮小、撤退などが相次いだ。そしてこうした海外事業の構造調整においてはそれまでのような短期間での量的な直接投資に伴う海外進出よりもグローカルな視点でのネットワーク化[22]を指向する方向での構造調整が進められた。

このような一連の戦略的な企業行動の結果として、韓国財閥は従来型の規模重視による成長至上主義から利益を伴った成長指向へと、その行動パターンの修正を余儀なくされた。このように企業戦略面においては、経済危機を境にして多角化では事業集約、国際化では効率化に伴い、「選択と集中」、さらには「集中と拡散」による量から質への経営視点の転換を指向するようになった。そうした一連の企業行動のベースとなっているのが国際競争力の強化である。しかしながら、意思決定面に関しては、経済危機後においても全般的には系列会社による自律経営の方向へと向かってはいるものの、依然として前述したように、新規事業進出、海外市場進出などのコアな案件に関してはグループ本社による権限が強い。つまり、意思決定の質的な側面においては多角化も国際化も依然として本国のグループ本社がその中核を担っているのである。

このように韓国財閥においては多角化と国際化による同時並行的な戦略行動の修正は行われたが、近年においてより活発な動きを示しているのは多角化よりも国際化である。つまり、多角化に関しては錦湖アシアナやハンファなどの中堅財閥においては積極的な多角化の進展がみられるものの、四大財閥に関してはそれほど多角化の大きな進展はみられず、それは従来の事業構造の維持・強化という側面が強い。半面、国際化については財閥企業による中国、インド、ベトナムなどの新興国市場への積極的な進出と市場開拓が行われている。そこでは従来のような電機、自動車などの製造業から流通や移動体通信などのサービス業にまで拡大している。これは企業行動の重心が国内指向的な多角化から国外指向的な国際化へと移行していることを意味し、その大きな動因となっているのが国内市場の成熟と国際競争の激化である。つまり、韓国財閥では国内市場での既存事業の成熟化に伴い、継続的に新規事業の模索はしているものの、それは国際競争の激化に伴い、結果的に企業行動を国外へと向かわせているのである。

しかしながら、その場合においても韓国財閥としては国内にしっかりとした事業基盤を構築する形での既存事業の強化と同時に、継続的に国内での新たな事業分野の発掘が必要である。そのためには成熟した国内市場の状況からして、他の事業分野との融合化による新たな事業創造が望まれるといえよう。このように韓国財閥は多角化と国際化の同時追求によって激化するグローバル競争の中でも成長を持続することができるのである。

五　おわりに

本章では韓国企業の生成とそれが財閥企業として成長・発展するプロセス、そしてそうした韓国財閥の中核をなす本社組織に該当するグループ統括組織と社長団会議などの組織機構について検討した。加えて、そこではオーナー主導による中央集権的な意思決定とそれに伴う積極的な多角化と国際化の戦略行動に関しても検討した。

このような韓国財閥におけるグループ本社組織、意思決定、企業戦略は韓国を襲った経済危機後においても、依然としてオーナー経営を補完するグループ統括組織などはその組織改編を繰り返しながら維持・存続されてきた。それに伴い、オーナー会長を中心とする集権的な意思決定体制も概ね維持されてきたが、企業戦略においては多角化から国際化へと移行する様相を見せている。そうした戦略変更面での大きな力として作用しているのが国内市場の成熟と国際競争の圧力である。

近年、こうした韓国財閥における組織体制の大きな変化の一つとして指摘できるのは、一部の財閥にみられる持株会社組織への移行である。そこでは従来からのキャッチアップ時代の産物としてのグループ本社組織などを解体して、持株会社組織による法的な透明性に基づくグループ経営を指向しようとしている。その結果として、グループ全体の戦略的柔軟性が高まり、系列会社による自律性も高まるものと思われる。そしてこうした組織体制の変更は今後、さらなる企業戦略面での変更を促すものと予想される。

注

（1）これはチャンドラーが残してくれた大きな遺産である。Chandler, A.D., *Strategy and Structure*, MIT Press, 1990（有賀裕子訳〔二〇〇四〕『組織は戦略に従う』ダイヤモンド社、p.xvi）を参照。

（2）このような韓国財閥の形成とその発展プロセスに関しては、李漢九〔二〇〇四〕『韓国財閥史』大明出版社を参照。

（3）この他にも企業規模面において大規模であることも一つの条件であるといえよう。こうしたことから二〇〇一年までは財閥ランキング〔資産総額基準〕の上位三〇位までが一般的には財閥と呼ばれていた。

(4) 韓国公正取引委員会資料。ここでの数値は韓国一二大財閥〔出資総額制限対象〕のものである。

(5) ベ・ジンハンほか〔二〇〇二〕『国家ト企業ノ民主的発展』忠南大学出版部、一一頁および韓国公正取引委員会資料。

(6) 金永郁〔一九九三〕『三星ノ多角化過程ト支配構造ニ関スル研究』ソウル大学博士論文、一四一―一四二頁。

(7) 前掲論文、一四三―一四四頁。

(8) 張世進〔二〇〇三〕『為替危機ト韓国企業集団ノ変化』博英社、一〇六頁。

(9) ソウル新聞社産業部〔二〇〇五〕『財閥家脈』ムハン、四三頁。

(10) 東亜日報経済部〔二〇〇二〕『韓国大企業ノリーダータチ』キムヨンサ、一四頁。

(11) 前掲書、一五頁およびソウル新聞社産業部、前掲書、五三頁。

(12) 『中央日報』二〇〇六年一二月二六日。

(13) 調査は三〇大財閥のうち二六財閥である。そして残り一五・四%は、「グループの最高経営者が集まって共同で決定している」である。金元祥〔一九八九〕『主要企業グループノ意思決定システムト戦略的特性ニ関スル研究』ソウル大学修士論文、九一頁。

(14) 調査は大企業一〇〇〇社のうち二〇四社である。愼侑根〔一九九二〕「韓国企業ノ経営組織・経営戦略・人事管理ニ対スル現状分析」『労使関係研究』第三巻、ソウル大学、二六二頁。

(15) 調査は一〇大財閥のその主力企業一〇社である。権錫均〔二〇〇二〕「韓国企業ノ組織」趙ヨンホほか『組織人事、労使関係』博英社、八四―八六頁を参照。

(16) 調査は六二の大企業グループである。この調査ではグループ本社およびその系列会社の双方を対象としている。李スヒほか〔二〇〇五〕『企業集団管理方式ノ変化ニ関スル研究』韓国経済研究院、八九―九〇頁。

(17) Khanna, T. & K.Palepu, "The Right Way to Restructure Conglomerates in Emerging Markets," *Harvard Business Review*, July-August 1999, p.130.

(18) 吉原英樹ほか〔一九八一〕『日本企業の多角化戦略』日本経済新聞社、一八〇―一八一頁を参照。

(19) 李哲ほか〔二〇〇二〕『国際経営』博英社、三四頁。

(20) 前掲書、三四―三五頁。
(21) 韓国公正取引委員会資料。鄭求鉉ほか〔二〇〇八〕『韓国ノ企業経営二〇年』サムスン経済研究所、一九七頁より再引用。
(22) 鄭求鉉ほか〔二〇〇八〕『韓国企業ノグローバル経営』ウィズダムハウス、六二頁を参照。

第四章　映画ビジネスの日韓比較

崔　圭　皓

一　はじめに

二一世紀に入り、世界の映画産業を取り巻く環境は大きく変わり始めた。一九八九年のソ連崩壊による共産主義の終焉で世界経済が市場経済へ単一化されたことがひとつの理由であり、ウィンドウズ95登場以来の情報通信革命とそれに伴うインターネット時代の到来にもその発端を探ることができる。

急変する世界映画市場において、特に次の三点が注目される。①ハリウッド映画のグローバルシェアの拡大、②国際共同製作の進展、③デジタル技術革命による新たな映画ビジネスモデルの模索、である。

まず、ハリウッド映画が以前にもまして世界シェアを拡大している点である。周知のように世界映画産業におけるハリウッドの地位は突出したものである。アメリカを除くどこの国も映画関連貿易から黒字を出していない。

第一次世界大戦後、荒廃したヨーロッパのスタジオを尻目にハリウッドは世界の映画工場へさま変わりし、以後、映画産業はアメリカを象徴する基幹産業であり続けてきた。

とはいえ、かつてハリウッドにとって全体の興行収入に占める海外市場の比重は大きいものではなかった。巨大な国内市場の存在ゆえにほとんどの制作費は国内で回収され、海外での興行は追加的な収益として認識されてきた。このような海外市場の低い比重は少なくとも九〇年代前半までは続いた。だが、海外市場の比重は徐々に増え続け、二〇〇一年には興行収入の海外発生分（八六億ドル）が国内の興行収入（八一億ドル）を上回り、二〇〇八年ではなんと国内市場九八億ドルに対し、海外市場は一八三億ドルに達している（ＭＰＡＡの集計資料参照）。しかも最近一〇年間におけるアメリカ国内でのチケット代が約五〇％上昇したことを考慮すると、ハリウッドの興行市場が如何に海外市場に依存しているかは明らかである。

二つ目は国際共同製作の進展である。グローバル経済の進化に伴い、モノだけではなくサービスや人の移動も加速化されているのである。東北アジア地域においても日本、中国（香港、台湾を含む）、韓国をまたがる新たな製作手法が登場している。

国際共同製作はヨーロッパにおいてより着実に進展している。ＥＵ加盟国の間では足並みを揃えて映画の原産地証明を通じた製作支援を行っている。

三つ目はデジタル革命による新ビジネスの模索である。二〇一〇年話題になった映画「アバター」の記事を例にあげてこれについて説明しよう。

> 二〇世紀フォックス社が配給する３Ｄ（三次元）映画「アバター」（ジェームズ・キャメロン監督）の全世界興行収入が、これまでの最高記録をもっていた「タイタニック」（約一八億四、二九〇万ドル）を超えた。しかも「タイ

タニック」が公開から一年半かけて達成した記録をアバターはわずか一カ月間で塗り替えた。「アバター」はキャメロン監督が構想一四年、制作に四年を費やした（二〇一〇／一／二七、日経産業新聞）。

３Ｄ映画アバターは、キャメロン監督自ら書いた脚本をベースに二億四千万ドルの巨額な費用をかけて製作され、二〇〇九年一二月一八日世界七〇カ国への同時封切りされ、全世界から二五・五億ドルの興行収入を記録した（二〇一〇／三／六、Box Office Mojo）。

この記事から昨今のハリウッド映画産業の事情を垣間見ることができる。

まず、①映画製作そのものがテクノロジーに依存するようになったこと。すなわち３Ｄ映画は以前にも立体映画として存在したものの、それがデジタル関連技術の進化によってはじめて忠実に再現され、観客がよりリアルに体験することができたこと。また、それが興行成績につながった点。②３Ｄ映画の興行的成功により、映画は劇場で鑑賞するものであり、映画ビジネスの要は興行にあることが改めて認識されたこと。本来、映画ビジネスはスクリーンへの投影を前提に始まった。ここで観客が求めるのはモノではなく精神的な満足であり、そのため自ら劇場に足を運び、また鑑賞料としてチケット代を、映画をみる前に払ってくれる。映画ビジネスの本質は興行にあるとのことである。それが３Ｄ映画の成功から再認識されたのである。いくら映画の二次市場が大きくなったとはいえ、今においても二次市場の価値を決めるのはあくまでも興行実績に他ならない。③映画アバターの場合からわかるように一本の大作映画の作りには膨大な資金と時間が要求され、そこには大きなリスクがつき物である。現在、このような映画作りが可能な国はアメリカだけであり、その担い手がハリウッドのメジャーであること。

現在、ハリウッド映画が、最初からグローバル展開を念頭において企画し、国内だけではなく海外興行をもって製作資金を回収するようになっているのに対して、日本と韓国の映画作りはほとんどが国内マーケットを対象に、限られた製作資金をもとに行われている。しかし、日韓両国は、国内市場でもハリウッド映画に席巻されているほかの国とは違って、国内市場では自国映画が相当なシェアをもっている。すなわち両国ではハリウッド映画だけではなく、自国産の映画も観客に愛されている。

本稿では映画業界の環境が大きく変わり始めた九〇年代後半以降の日本と韓国の映画作りについて考察し、その特徴を比較する。また、それを通じて現在両国の映画産業が直面している状況と今後予想される諸問題について考察していきたい。

二　日韓両国における映画ビジネス

一　映画ビジネスの定義

映画ビジネスを取り上げる場合、その範囲をどこまでに限定するかは簡単ではない。映画が商業的でありながら芸術的特性を同時にもっているため、産業やビジネスの観点だけでは取りきれないという難しさもある。

そこで映画ビジネスの範囲を狭義に限定すると、「劇場での上映を前提にする制作・配給・興行システム」に定義することができる。だが、映画市場が興行よりも二次付加市場のパイがいっそう大きくなったことから、ビジネスの範囲も「興行（実写映画だけではなくアニメを含む）とパッケージ・ビジネス（メディアの販売とレンタル）をあわせたもの」として規定するのが一般的である。

図表4-1　2008年日米韓・映画産業比較一覧表

項　　　　　目	アメリカ	日　　本	韓　　国
人口（百万人）	306.6	127.7	48.5
一人当たりＧＤＰ（ドル）	45,047	34,326	19,841
年間観客動員数（億人）	13.6	1.6	1.5
年間一人当たり鑑賞回数	4.45	1.26	3.11
平均入場料金（円）	754	1,214	649
スクリーン数	39,476	3,359	2,081
スクリーン当たり人口	7,767	30,802	23,532
興行収入（億円）	9,791	1,948	979
スクリーン当たり興行収入（万円）	2,480	5,800	4,706
スクリーン当たり観客	34,553	47,779	72,480
公開本数	610	806	379
映画一本の興行収入（億円）	16.05	2.42	2.58
映画一本の観客動員（万人）	223.6	19.9	39.8
自国映画のシェア（％）	n.m.	59.5	42.1

出所：映画ビジネスデータブック〔2009〕、20頁参照再作成。
注）１ドル105円、10ウォンが１円に換算。

なお、もっと広い意味で取り上げると、「デジタル映像コンテンツとしてネットでのストリーミングやダウンロードサービスまでを含む」ことになる。

以下では興行部門を中心にアメリカと日韓の映画産業を比較していく。

二　映画関連指標の日米韓比較

図表４－１は三カ国の映画関連指標を表している。興行収入でみた各国の映画市場の大きさは、日本の市場規模はアメリカの二割程度で、韓国市場はその日本市場の約半分であることが分かる。一人当たりの年間鑑賞回数からは、アメリカはなんと日本の三・五倍である。アメリカ人にとって映画鑑賞はもっとも手ごろな娯楽であることが理解できる[1]。

一方、入場料で三国を比較してみると、日本は料金の高さから映画館での観覧は身近なものではなく、一人当たりの年間鑑賞回数がもっとも少ない遠因として考えられる。

反面、日本では封切り本数の多さから、より多様な映画が上映されており、映画の需給面だけをみると供給の過剰が読み取れる。また、一本当たりの興行収入の大きさからみるとアメリカ映画市場は依然大作中心であり、日本はより小規模で封切りされており（かけるスクリーンの数と上映日数においても）、韓国と比べても一本当たりの動員観客は半分に過ぎないことが分かる。

自国映画の市場シェアとはハリウッド発の映画を意識した国産映画の割合を示したものである。本場のアメリカでは、非英語圏の映画は興行面において微々たる実績しか上げていないため自国映画の市場シェアデータは集計さえしていない。だが、他の国ではハリウッド映画に対抗する国産映画のマーケットシェアがつねに公表され、日韓両国はともに四〇％をこえる高いシェアを示している。

三　日韓における映画市場の規模と分類

日本では映画市場をコンテンツ産業の一部として、映像産業の枠で分類し、そのなかで映画興行と映像ソフト市場の二つに市場を分けている。

二〇〇七年末基準の日本のコンテンツ市場規模は推定一四兆円であり、その内訳は図書、新聞などテキスト類が五・八兆円、映像が四・七兆円、音楽が一・九兆円、ゲームが一・三兆円となっている。そして、映像市場の内訳をみると図表4-2のようになる。

四・七兆円規模の映像市場のなかから映画ビジネスに関わる部分を限定するのは難しい作業のため、興行部門として劇場による興行収入を取り上げ、映画の二次市場としてはソフト市場に限定して考えることにする。(2)

そこで、映像産業のなかで映画興行と映像ソフト市場が占める割合をみると、全体の一八・一％に過ぎず、放送や

図表4-2　日本の映画関連市場

（単位：億円、％）

映像市場全体	ネット配信	放送(BS、CS、CATV)	映画興行	映像ソフト	ＮＨＫ	民放
46,986	1,477	7,648	1,984	6,804	6,848	23,702
100	3.1	16.3	4.1	14.0	14.1	48.9

出所：デジタルコンテンツ白書〔2008〕を参照に著者が再分類し、作成。

図表4-3　韓国の映画関連市場(2007年末基準)

区　　分	売上(億ウォン)	パーセント
制作	6,504	20.3％
輸入	3,231	10.1％
制作支援	1,881	5.9％
配給	4,192	13.1％
上映	11,172	34.9％
マーケティング	1,009	3.1％
小　　計	27,989	87.4％
ＤＶＤ制作	1,077	3.4％
ＤＶＤ販売	1,568	4.9％
ＤＶＤレンタル	1,025	3.2％
オンライン上映	382	1.2％
小　　計	4,052	12.6％
合　　計	32,041	100.0％

出所：ＫＯＦＩＣ〔2008〕の『韓国映画収益性分析2007』を参照、修正作成。

ネット配信用コンテンツとして使われている分を追加してもその比重は大きくない。但し、注意しておきたいのはソフト市場が映画の興行市場の三倍を上回る大きな規模をなしていることである。

一方、韓国では映画産業を文化産業の一部として取り扱っている。二〇〇七年末の文化産業の規模は五八・六兆ウォンで、その内訳をみると、出版二一・六兆、放送一〇・五兆、広告九・四兆、ゲーム・キャラクター一〇・二兆、映画（アニメを含む）三・五兆、音楽二・四兆ウォンとなっている。このなかの映画市場三・二兆ウォンの内訳を表したのが図表4-3である。

図表4-3は、前掲の日本における分類とは異なり、韓国の映画関連市場

のセクター別の売上を集計したものである。日本と比較するために、このデータから映画市場に直接関わる市場とそのなかで興行が占める比重を計算してみると、韓国の映画市場(興行とパッケージ部門の合計)は一・四兆ウォンと推定され、そのなかでの興行の比重はなんと七九％を占めていることが分かる。

三　日本の映画産業

一　映画市場の概要

日本は興行市場だけでなく、映画の直接付加市場であるＤＶＤ市場においてもアメリカに次ぐ映画大国である。現在、邦画市場の将来については、楽観と悲観の論議が平行している。楽観論の背景には、二一世紀に入って凋落の兆しがあるハリウッド映画に対して、日本の邦画はビジネスとして堅実であり、新たな可能性が潜んでいるという邦画見直し論がある。実際二〇〇六年には興行収入において邦画が洋画を抑え、二一年ぶりの日本映画の快挙として賞賛されていた。また、二〇〇九年「おくりびと」のアカデミー外国語映画賞や「つみきのいえ」の短編アニメ賞の受賞などから映画祭における日本映画の質の高さが評価を受けている。二〇〇九年の日本映画の国内興行収入は一、一七三億円で、興行収入が統計数値として集計されるようになった二〇〇〇年以降、史上最高実績を記録した。また国内興行収入に占める邦画の比率は五七％で、アメリカ映画が世界を席巻するなかで、この比率は非常に高いといえよう。

一方、悲観論のほうは性急な楽観論をけん制している。二〇〇六年以来の「邦高洋低」現象は凋落気味のハリウッド映画に対して日本映画が味わった反射利益に過ぎないとみている。洋画のシェアが落ちた分、日本映画のシェアは

図表4-4　日本の年間入場者数と興行収入の推移(1955-2009)

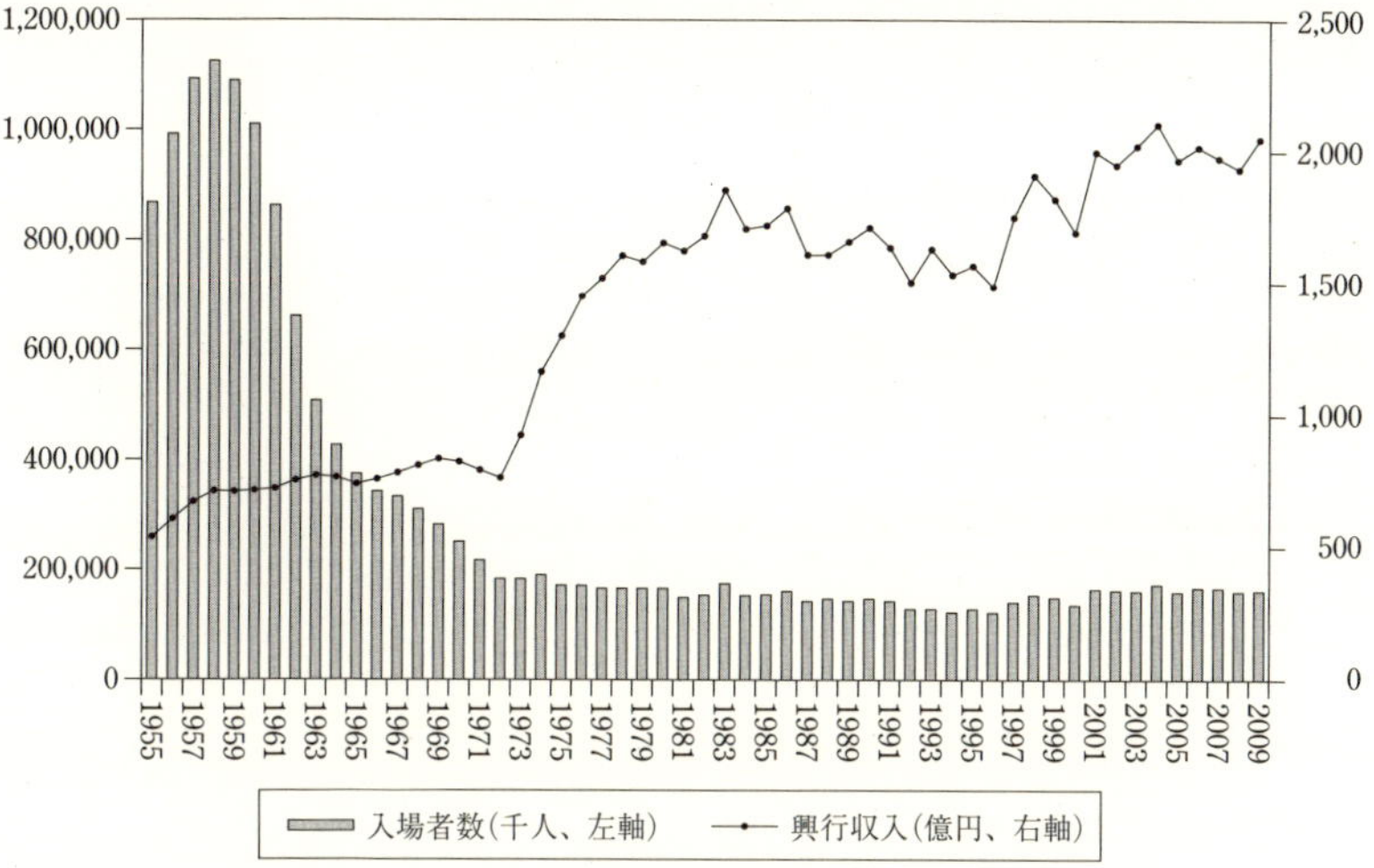

出所：日本映画製作者連盟のデータを利用、著者が作成。

確かに増えたが、興行市場の年間入場者数は相変わらず横ばい状態に留まっているため、市場は成長していないとみている。

　また、二〇〇九年の興行成績の上位を占めた作品の多くは、テレビの人気番組を映画化したものなど主として国内向けの内容がほとんどであり、日本映画の輸出額は年間約六〇億円で、輸入額の一〇分の一程度に過ぎない（読売新聞、二〇一〇年二月二八日）。

　図表4-4は過去五四年間にわたる映画人口の推移と年間興行実績をまとめたものである。一九五八年の一一・二億人の入場者数をピークに、一九九六年の一・二億人を底に、最近においては一・六億人水準での横ばい状態が続いている。

　一方、年間の興行収入は一九五五年の五四七億円から右肩上がりで推移し、二〇〇四年には二、一〇九億円を記録し、過去最大の興行収入を達成した。

　しかし、このような映画館への年間入場者数が伸び悩むなかで興行収入だけが伸びている背景には、長期にわたる入場料の引き上げが潜んでいる。つまり、日本映画の興行市場は成長していない。また、今後の見通しも明るいとはいえない。いくつかの根拠をあげると、①世界でもっとも高い鑑賞料金、②映画を作らない大手映画会社と行過ぎた製作委員会方式の蔓延、③深刻な少子高齢化社会の到来と若者の「映画離れ」によって予想される興行市場の長期的低迷、④日本映画業界における国際化の遅れとグローバル展開能力の欠如などがあげられる。

高い鑑賞料金はかつてから議論されてきたものではあるが、シネコン登場以降に多様な料金設定や会員制度によって少しは改善されている。[3]だが、少子高齢化や若者の映画離れなどは観客層に関わる重大な問題である。長期的にみて日本の人口が伸びることは考えにくいので、日本映画が活力を戻して真の意味での成長へ舵を切るためには、国内市場にこだわる現在の製作パターンから脱皮しなければならない。

次には上記②の日本映画産業のもっとも大きな特徴である製作委員会方式についてみることにしたい。

二　製作委員会方式

映画製作にあたり作品ごとに複数のメンバーがパートナーシップ（組合）を作り共同で出資し、事業を行うのが製作委員会方式である。集まるメンバーはおおむね映画業界の関係者であり、出資をする投資家でありながら映画というコンテンツを巡っての権利ビジネス（座組による窓口権）を展開する共同事業者でもある。

メンバーは映画製作会社をはじめ、配給会社、ビデオ販売会社、放送局、広告代理店、といった会社におもに限定され、各社は出資と同時に権利（配給権、ビデオ化権、テレビ放映権など）をそれぞれ取得している。すなわち、参加するメンバーは出資者と営業者という二面性をもっている。そもそも製作委員会は民法の任意組合規定によって結成され、集まった業界の専門家がそれぞれの持ち味を提供することで、委員会全体の収益を最大化していくことが狙いで

図表4-5　製作委員会のフレーム

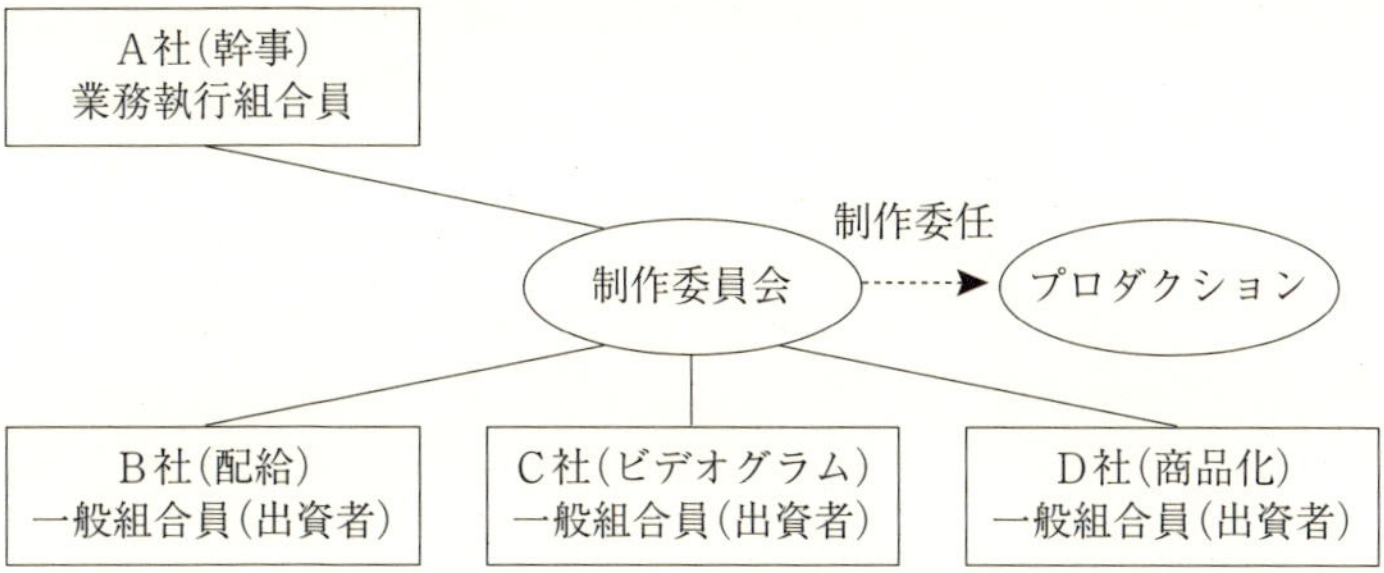

出所：経産省商務情報政策局の資料〔2004〕を参照に著者が修正作成。

ある。

また、資金面で十分な余力がない制作会社（プロダクション）であっても委員会へ一部出資をすることによって著作権を確保し、それを生かすことができるのも制作側におけるメリットである。

斉藤〔二〇〇七〕は、製作委員会の真の実力が発揮されるのは映画の完成後であり、「今は配給会社がその営業力、宣伝力だけでヒットさせる時代ではない。委員会の出資メンバーが自らもっている媒体を、半ば強引に使い、映画を認知させる時代だ」と述べている。最近、テレビ局が幹事会社をつとめる製作委員会がはやるのもまさに放送局がもつメディアの力を活かす宣伝アピールにあると思われる。

しかし、製作委員会方式にはいくつかの問題がある。岩崎〔二〇〇七〕によると、①プロ同士のファイナンス方式であるため一般投資家には向かないこと、業界の限られたプレーヤーにファイナンスを募るため集める投資金額は制限され低予算の映画作りになりがちである。②著作権の性質が共有（合有）のため、権利の利用において全員の承諾が必要で、どうしても判断に時間がかかってしまうこととそれに伴う機会損失の発生、③民法上の任意組合方式をとった場合、出資者全員の連帯無限責任が問題になりうることと、それに関連して映画に対する最終責任者が不在であることが問題として指摘される。

そこで経済産業省は映画投資のすそ野を広げるため、多様な資金調達手法を提示し、推進してきた。特に資金調達の関連法制度が改正された二〇〇四年以後、多様な手法が試されている。たとえば、匿名組合方式の有限責任会社（ＬＬＣ）、特定目的会社（ＳＰＣ）設立を通じた資金調達や著作権信託制度をいかした映画ファンドの結成などがあげられる。

また、ハリウッドの映画製作では一般的になっている完成保証制度を日本にも導入しようとする動きもある。[4] だが、完成保証制度の導入には、映画ビジネスに詳しいファイナンス専門家グループの存在が前提条件である。たとえば制作予算の執行管理などを行う専門会社、プロジェクトのリスクを評価する信用機関、映画完成を保証する各種保険会社の存在である。一般に完成保証はプロジェクトごとのリスクマネジメント能力を備えたプロデューサーが求められるため、ハリウッド式プロデューサー・システムに相応しいものである。どうしても大規模投資を伴う製作が定着せずに従来どおりの中規模製作に留まっている日本での適用は一筋縄では行かない面がある。つまり映画への投資規模が一定水準に到達していないために、関連コストだけが割高になってしまうからである。それが今日本で、製作委員会方式が主流をなしている理由でもある。

資金調達能力がある大手映画会社は映画製作に積極的ではなく、資金を欲しがるのはインディを中心とする零細プロダクションである。新たに導入されたファイナンス手法は当初の期待を満たしていないのが現状である。[5]

次の図表４-６は現在用いられている映画製作に関わるファイナンス手法を整理したものである。資金調達のスキーム設計は、必要な資金を適時に調達することだけではなく、関連投資家保護と調達コストの両面を考慮するバランス感覚が求められる。

図表4-6　ファイナンス・スキームの比較

区　分	任意組合	匿名組合	特別目的会社	ファンド
準拠法	民法	商法	資産流動化関連法	投資信託関連法 間接資産運用
出資金の帰属と責任の範囲	組合員の共有資産、第三者に対して無限責任	営業者に帰属、有限責任（同業契約による直接投資）	ＡＢＳ発行による資金調達、著作権はすべてＳＰＣに帰属、有限責任	有価証券への間接投資、有限責任
制作会社	組合による委託制作		著作権保持	
追加資金調達	不可		可能	ファンドによる
権利規定	組合員は窓口権行使、権利の売買・譲渡不可	利益分配請求権	著作権の所有 利益分配請求権 ＡＢＳによる流動性維持	償還、譲渡可 利益分配請求権
コスト構造と手続など	ローコスト、簡単	割安、簡単	割高、当局に申告（会社設立関連経費など）	割高、当局に申告（信託報酬など）
投資家保護	ディスクロージャー規定の不備	資金流れの不透明 投資家保護不十分	営業監視権、倒産隔離による資金流れの透明性	投資信託法により管理・監督

出所：崔〔2005 b〕を修正引用。

三　テレビ局による映画製作

日本映画のヒットの方程式といわれているのがテレビ局主導の映画作りである。近来、テレビ局は映像製作関連のノウハウと人材を活用し、映画製作および出資に積極的であるが、きっかけになったのは年々減少している本業すなわちテレビ広告収入の減少である。広告市場でのインターネットの脅威と景気の低迷がテレビ広告市場に響いているからである。そこでテレビ局が突破口として選んだのが映画製作や通信販売、イベント事業の拡大である。なかでも映画製作は、テレビ局が主導してドラマや人気漫画の原作を押さえて映画化し、自社メディアを総動員し、「お祭り」を演出することで最終的にヒットに結びつけることである。彼らは日々視聴率と戦って番組を作っているので、世の中のトレンドを読み取る力や観客の目線を意識した制作には長けているといえよう。

また、若年層の「洋画離れ」や「字幕離れ」も有利に作用している。「映像に集中できる」「母国語がよい」と吹き替え肯定派が圧倒的に多いのも一〇代。活字が苦手で

図表4-7　テレビ番組と映画製作の比較

項　　目	テレビ制作	映画製作
一般論	くまなく届ける公共性、規制の対象、日常的、連続ドラマ、PDの演出力	芸術＆エンタテインメント商品、非日常（祭り）、プロジェクトの完結性、監督の世界観（こだわり）
ビジネスモデル	視聴率を意識した最大公約数的な作り方、広告ベースの垂れ流し	上映を前提にする興行ビジネスとその後二次市場からの収益還元の構造
権利ビジネス展開	使い捨て型コンテンツ、国内市場中心、著作権処理上の難点	二次市場への展開を含むマルチユースが前提、映画会社による著作権処理および確保
メディアとしての影響力	圧倒的な集客力、みんなのテレビ	能動的観覧、パーソナル化傾向

知らない国の文化には興味がない。わかりやすさを好む。近年の若い観客が邦画に集中し、洋画があたらない「洋画不振」の背景がくっきりと浮かび上がった（二〇一〇／三／〇九、日経夕刊、一六頁から引用）。

このように映画の消費パターンが変化するなか、テレビ局はその変化をリードしてきた。たとえば、シリーズ物語映画の製作、テレビでなじんでもらったストーリによる続編あるいはドラマの劇場版の製作、映画の主演俳優としてテレビスターの起用と抜擢などがそのよい例である。

二〇〇六年の興収一〇億円以上の日本映画二八本中、テレビ局が出資、製作に絡んだ作品はなんと二三本に及んだ（斉藤（二〇〇七））。

しかし、テレビ局を幹事会社にする製作委員会では、複数の出資者が存在するため、合意を形成しやすいベストセラーやヒットドラマの映画化が多くなり、企画の保守化が進む。したがって、斬新な感覚の自己主張の強い作品は生まれにくくなりがちである。

「テレビドラマを映画と称して映画館で上映している。観客が飽きてしまうのは時間の問題」「映画が理念を失い、ただ消費され衰退していく」との批判もある（一瀬（二〇〇六））。また、当たる映画と当たらない映画の二極化はますます進み、テレビ局の絡まない邦画

図表4-8　歴代日本映画興行成績

（単位：億円）

順位	タイトル	配給	公開年	配給収入	興行収入
1	千と千尋の神隠し	東宝	2001		304
2	ハウルの動く城	東宝	2004		196
3	もののけ姫	東宝	1997	113	193
4	踊る大捜査線 THE MOVIE 2 レインボーブリッジを封鎖せよ！	東宝	2003		174
5	南極物語	東宝	1983	59	
6	子猫物語	東宝	1986	54	
7	天と地と	東映	1990	52	
8	踊る大捜査線 THE MOVIE	東宝	1998	50	101
9	敦煌	東宝	1988	45	
10	ROOKIES ―卒業―	東宝	2009		85

注）99年までは配給収入、2000年からは原則興行収入の公開、億円単位で四捨五入。

や洋画は佳作でも集客が難しい。ひいては製作・公開自体が困難になる事態が発生するおそれもある。

四　劇場版アニメと歴代興行成績からみえるもの

日本ではアニメが実写映画に対して独自ジャンルの一つとして位置づけられている。マンガとテレビアニメに繋がる劇場版アニメは日本映画において大きな比重を占めているからである。アニメは独自の市場と固定ファンを確保したうえ、興行実績においても非常に安定している。たとえば、スタジオジブリのアニメは日本を代表するブランドであり、興行においてももっとも有力なキーコンテンツであり続けている。

図表４‐８は日本映画の歴代興行収入ベスト一〇をまとめたものである。表から目に付くのは上位ランクの一位から三位までがアニメであり、ベスト一〇のうち九つが東宝の配給によるものである。

日本の大手映画会社は製作・配給・興行のすべてを自社あるいは系列会社で一貫経営している。すなわち完全垂直統合型のビジネスを営んでいる。当たり前の話になるが、本来映画の製作には資金回収の機能がなく、その分リスクは大きい。それで大手会社は自社資本だけの製作を敬遠し、製作委員会の幹事会社を務めながら製作のリスクを軽減させてきた。収益は配給業務を請け負ったり、系列会社が興行（上映）を担当したりすることで確実に確保していく。

斉藤〔二〇〇七〕は、かつて邦画各社は製作・配給・興行を一貫して経営するというビジネス・スタイルを頑として変えることはなかった。製作に力点を置いた日活・大映が経営危機に陥ることによって、配給・興行にウェイトをおく経営姿勢はより強固なものになっていくと述べている（二〇〇頁）。

一方、日本の映画関連パッケージ市場は興行市場の三倍といわれている。安定的な収益源としてのパッケージ市場の存在、配給と興行における寡占的競争（邦画だけではなく洋画の配給および興行も大手会社が主導）も日本の映画産業の特徴である。ビデオ＆ＤＶＤにおける違法コピーや不法パッケージの流通などがしばしば問題になってはいるものの、他の国に比べ日本のパッケージ市場は相変わらず健全であり、映画産業を支える大きな柱である。それに、インターネット上でのファイル交換による著作権侵害問題もそれほど深刻な領域には入っていない。

最後に国際共同製作や邦画の輸出について触れると、保守的な映画会社の経営スタンスでは国際共同製作はまだ眼中にない。邦画の海外での輸出額は国内興行市場の一割にも達していない(6)。テレビアニメを中心としたアニメの輸出にもおおむね同じことがいえる。

要するに、日本の大手映画会社は、映画は作らないし、安定的な国内市場のもとで保守的な経営を貫いてきたといえよう。

ところが、今後の映画ビジネスはテクノロジーの革新に伴い、急速な変化が予想される。新たに登場するデジタル・メディアを生かしたメディアミックス戦略で収益を創出すると同時に、ノンパッケージ化およびリアルタイム化する新ビジネスモデルの構築が求められる。この点において韓国の映画ビジネス事情は大きく参考になると思われる。

図表4-9　韓国の映画興行市場

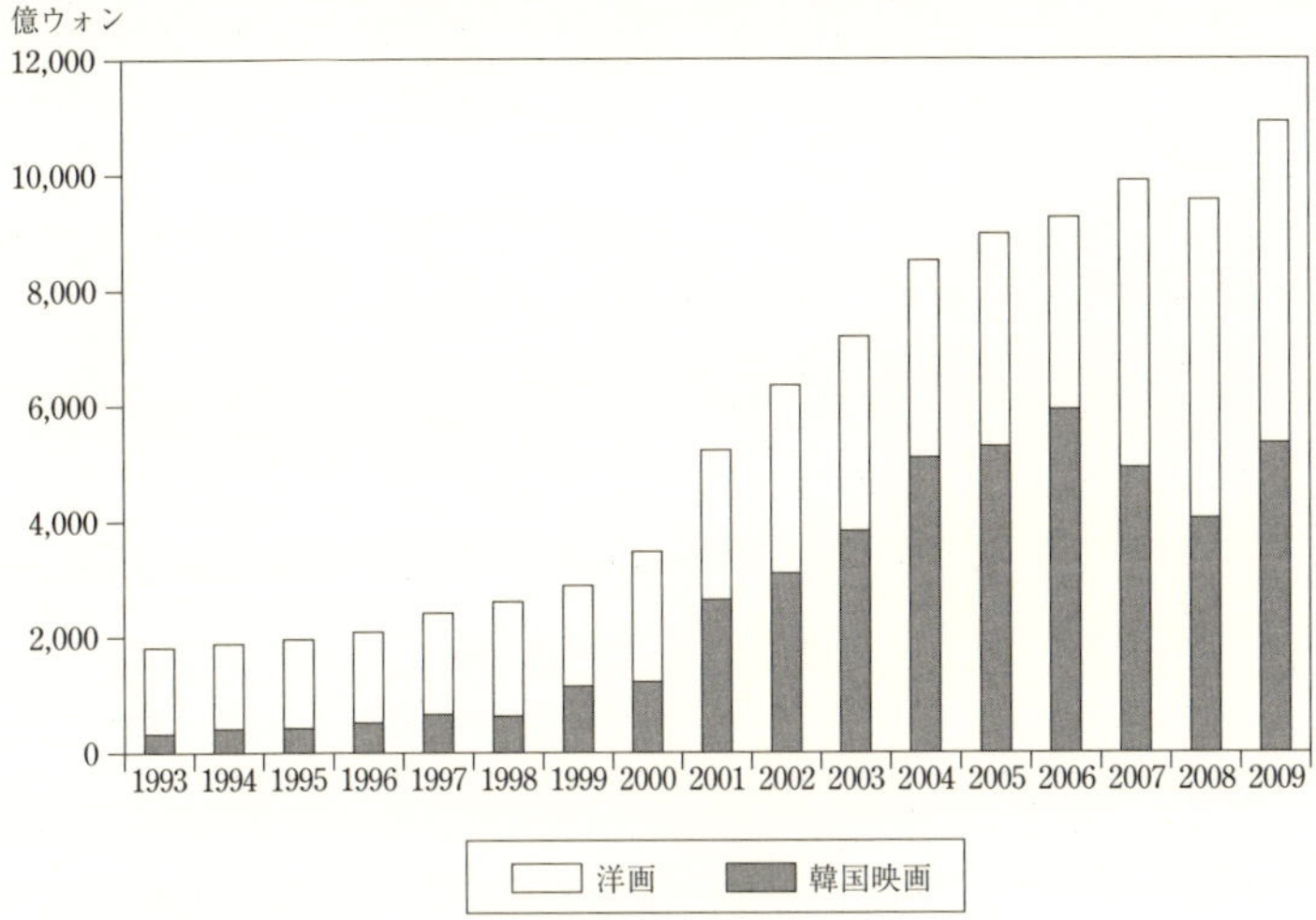

出所：KOFIC各年データを参照し、著者作成。

四　韓国の映画産業

一　映画市場の概要

韓国の興行、パッケージ市場を合わせた映画市場の規模は一三・六億ドル（そのうち興行売上は一〇・七億ドル）で、年間鑑賞者数は一・六億人（年間一人当たり鑑賞回数は三・二回）である。制作と興行においては、年間一二〇本前後の映画が製作され、国産映画の興行市場でのシェアは四割前後を記録している。このような数値はＯＥＣＤ国家のなかで日本やフランスに匹敵するものである。

一九九六年の国民一人当たりの観覧回数が〇・九回に過ぎなかった時点から考えると、最近における韓国映画の好調ぶりは目を見張るものがある。図表４-９は一九九三年から二〇〇九年までの興行市場を韓国映画と洋画を重ねて表したものである。市場全体の規模は二〇〇九年末に初めて一兆ウォンを超えた。

図表4-10　映像投資組合による出資実績

年度	組合数	KOFIC	SMBC	一般出資	制作本数	平均制作費	総制作費
1998	1	0	0	50.0	43	15	645.0
1999	2	0	20	145.0	49	19	931.0
2000	8	100	260	375.0	59	21.5	1,268.5
2001	13	40	287	887.0	65	25.5	1,657.5
2002	6	35	72	403.0	78	37.2	2,901.6
2003	6	70	90	362.0	80	41.6	3,328.0
2004	5	100	245	275.0	82	41.6	3,411.2
2005	7	80	150	925.5	87	39.9	3,471.3
2006	5	100	81	586.0	110	40.2	4,422.0
2007	6	90	227	571.8	124	37.2	4,612.8
合計	59	615	1,432	4,580.3	777	31.9	26,648.9

出所：韓国映画年鑑〔2008〕、94-96頁参照再作成
注）出資と制作費は億ウォン、KOFICは映画振興委員会、SMBCは中小企業振興管理公団。

二　映画産業における公的資金

韓国の映画制作の特徴は、政府が公的資金の支援を通じて映画作りに関与していることである。韓国の映画政策は、政治権力の移り変わりに伴い、変遷してきた。軍部独裁の時代であった八〇年代末までは当然統制政策がメインであったが、政治の民主化に伴い映画産業の関連政策は振興へ大きく舵を切った。その契機になったのが一九九三年の文民政府の登場であり、その後一九九八年に樹立した金大中政権（国民の政府）のもとで支援政策が具体化した。[7]とりわけ、一九九八年、「日韓共同パートナーシップ宣言」とその後の日本大衆文化の市場開放が実現されたことは特記に値する。

また、映画産業を製造業に準ずるベンチャー業種に分類し、製作資金の調達も以前より円滑になった。現在、韓国では配給・興行会社をメイン投資家とする映画製作が一般的であるが、そこでも一部の政策資金がシードマネーとして入っている場合が少なくない。

図表4-10は映像投資組合と年度別韓国映画の製作の内訳である。そこにKOFICとSMBCはそれぞれ六一五億ウォン、

一、四三二億ウォンを出資している。同期間中、映画製作市場における投資総額は二・六兆ウォンに達していることから逆算すると、二つの機関の出資金二、〇四七億ウォンは市場全体投資分二・六兆ウォンの七・六八％に当たる。公的資金が民間出資への呼び水としての役割をしていることが分かる。

投資組合の存続期間は通常五年で、ベンチャーキャピタルが業務執行組合員になって資金の運用および管理を担当している。組合への公的投資分はファンドの決算にあたり、優先損失補てんの対象になる。つまり公的資金が映画のリスクを優先的に負う仕組みである。

このような公的資金による映画作りへの参画は韓国映画業界の活気を取り戻す一定の役割をしたことは評価できる。一方、年度別製作本数と制作費のトレンドをみると、二〇〇〇年を境に平均制作費の高騰が目立つ。映画製作市場では公的資金の呼びかけによる過剰な流動性が供給され、その結果製作市場におけるバブルが形成された。

他方、興行の面においては一九九八年からシネコンの導入が本格化し、都心部を中心に急速に広がった。一九九八年、全国のスクリーン数は五〇七であったが、シネコンの普及により、その数は急激に増加し、二〇〇八年末には二、〇〇四個にまで伸びた。それを一スクリーン当たりの映画人口でみると、九万一千人から二万五千人水準まで普及が進んだ結果になった（図表4-1の三国のデータ参考）。

三　韓国映画市場の特殊性

かつて韓国政府には成長産業としての映画ビジネスへの認識は乏しく、政府の方針を伝える宣伝メディアとしての役割が求められていた。一九九四年までは映画上映に先立って国歌斉唱および国旗への礼が行われたし、一九九八年までは「文化映画」という名の政府の広報性ニュースの上映が義務付けられていた。

国家権力に従う庶民の娯楽に過ぎなかったものが、政治の民主化に伴い文化・芸術など創作におけるさらなる自由化が求められ、国産映画への関心が高まった。一九九八年の政権交代では、大衆文化関連政策の見直しが行われ、従来は免許制によって保護されていた映画会社の設立が登録制に変わり、映画産業への育成支援政策の立案が具体化された。この流れを踏んで一九九九年に成立したのが文化産業振興基本法（文産法）であり、これによって文化産業の全領域にわたる公的資金の投入の法的根拠が成立した。

政府が映画をはじめとする文化産業に力を入れた背景には、アジア金融危機後における景気悪化を、新規産業の育成支援を通じて雇用を創出し、経済成長を保とうとする意向も根底には働いていた。

アジア金融危機を乗り越える過程でかつての映画製作の主体であった大企業が退出し、その後を政府がバックアップする金融資本と公的資金が映画業界を先導することになった。

映画産業における主役の入れ替わりは、小売業界から集客を狙った劇場興行部門への進出（ロッテグループ）、総合メディアグループを目指す垂直統合型映画ビジネスの展開（CJグループ）、事業多角化とコンテンツ確保を目指す通信サービス大手（SK、KTグループ）による新規参入によって一段落がついたところである。

五　日韓映画産業の比較

日本と韓国の映画市場は類似している部分が多い。世界映画市場を席巻しているハリウッド映画に対抗し、国内とはいえ自国映画が健闘している数少ないケースである。また、大手配給および興行会社による映画産業全般にわたる寡占的市場地位も似ている。映画作りそのものは下請け化されているプロダクションに外注し、一番うまみが取れる流通に経営資源を集中している。大手映画会社は挙って配給会社でありながら、川下の興行市場を掌握している面も同じである。シネコンの普及タイミングも非常に似ている。両方ともバブルの崩壊や経済危機後の地価下落の真最中に起こった現象であり、シネコンが中心になって興行市場を引っ張ってきたことも同様である。

反面、両国の映画ビジネスの相違点としては、まず、政府による産業政策における温度差である。韓国のほうが政府による産業界への関与の程度が大きく、政策的観点からの支援も厚い、日本では相変わらず映画ビジネスに関する産業的認識が薄い。

映画作りにおいても韓国は配給会社をメイン投資家とする製作と投資組合による製作が主流である。一方、日本は製作委員会方式が主流である。ヒット作はテレビ局が幹事会社として参加するプロジェクトが多くなっており、その現状についてはすでに述べた。

一本の映画作りにかかる費用とは別に、映画を楽しむチャンネルは確かに増えてきており、「いつでも・どこでも」映画を鑑賞することが可能になりつつある。

同時に興行頼りの映画ビジネスから、興行そのものを広義の二次市場における評判につないでいく有力な手段にしながら、あらゆるチャンネルを通して収益を実現することがより重視されている。

実際、各国では映画ビジネス全体で占める興行の比重は徐々に縮小傾向をたどってきたし、日本の映画市場においても同じことがいえる。

一方、日本と違って韓国の映画ビジネスもそれなりに逆境に直面している。なぜなら韓国では映画の付加市場が形成さえできず、映画産業はもっぱら劇場での興行に頼りきっているからである。というのは、パッケージビジネスであるビデオレンタルやセールＤＶＤ市場がはなからビジネスとして成り立っていないからである。

図表4-11　日韓の映画ビジネスの比較

項　目	日　　本	韓　　国
映画業界	業界慣行の重視、安定・保守志向、リスク回避型	業界の主役交代と外部環境の急変、ハイリスク・ハイリターン型
政府政策	放任主義	積極的な政策関与
映画観覧と市場	非日常的な行動、割高邦画の善戦、市場の伸び悩み	日常的・身近な行動、割安製作バブル、スクリーン飽和
代表企業の売上構成と戦略	東宝　不動産業ほか事業多角化 フジテレビ、スタジオジブリ、(株)ポケモンなどとの提携	ＣＪグループ 社内にインターネット、ケーブル、ゲーム、音楽配信などコンテンツを中心に専業化
国際化	強い国内志向ゆえに慎重	海外共同制作および劇場運営への参画
映画製作	テレビ局主導の製作委員会方式、中規模の製作	映画会社がメイン投資家としての参画、ブロックバスター式製作
配給と興行	配給と興行の垂直統合 ブロックブッキングの温存	配給と興行の垂直統合 フリーブッキングの一般化
シネコン	バブル崩壊後外資主導後大手映画会社の参入、郊外から都心部へ	アジア金融危機以後急速に普及、都心部から郊外へ

韓国ではすでに、一人の国民は年間を通じて三回以上も映画館に足を運び映画を鑑賞している。一千万観客が入る韓国映画も出ている。だが、韓国映画市場では、インターネットを利用した合法および不法の映画ダウンロードをはじめＰ２Ｐソフトによるファイル共有および市販ＤＶＤメディアの違法コピーが氾濫している。よって映画の二次市場は壊滅的な被害を被っている。もちろん、自国映画だけではない。日米のテレビ局の放送コンテンツ（各種ドラマ、ドキュメンタリ、およびミュージックビデオなどを含む）を始め、すべてのデジタルコンテンツがそうである。

市場の関係者によると、一万枚以上販売されるＤＶＤは珍しいというほどである。封切り映画でありながらＤＶＤの製作さえしない場合もしばしばあったり、ＤＶＤが市販されてもあくまでもプロモーション目的の贈呈か現場制作に携わった方々へのお土産であったりするという。

かつて韓国音盤市場がＣＤの次に来るメディアとしてＭＤを選ばず、ＭＰ３フォーマットへ移行した結果、音盤市場が崩壊してしまった。それと同じく、映画用のメディアにおいてもすでにDVDではなく、MPEGやAVIなどノンパッケージのデジタル・データが重宝されている。日本と違ってDVDプレーヤーやDVDレコーダーの売れ行きも芳しくない。なぜかというとインターネットにおける超高速ブロードバンド環境の下でコンテンツはその都度ダウンロードして楽しむものであり、昔のように所蔵するものではなくなってしまったのである。

費用対効果の面においてもすでにDVDメディアを凌ぐチャンネルが多数存在する。激しい競争に晒されている地元のケーブル会社は定額の低価格で二四時間映画だけを流す多数の専門チャンネルを提供している。また、韓国では三万店を超えるインターネットカフェだけではなく、DVDのレンタルを専門にするカフェも繁盛している。コンテンツを巡って貸与権論争はあるものの、一般人はカラオケボックスと同じ感覚で楽しんでいる。

DVD業界は商品の導入期において高価格戦略を駆使し、愛好家（マニア層を含む）市場を狙ってきた。しかし、一般人にとっては、有料P2Pサイトなら一〇〇円ほどで映画一本がダウンロードできるし、道端で売っている低価格の不法DVDへの誘惑には適わないものがある。

六　おわりに

以上日本と韓国の映画産業の現状について考察してきた。一九九〇年代末、両国の映画産業には大きな変化が始まった。日本ではシネコンの本格的な普及によって、かつての大作中心の系列映画館による前売り券と団体動員に頼る興行から観客がより多様な映画を自ら選択できる時代へ変わった。一方、製作においてはテレビ局との提携、キーコンテンツとしてアニメの活用などが目立つようになった。

韓国の場合は、同期間が国家経済危機に陥ったいわばＩＭＦ時代であったうえに野党による政権交代期と重なり、映画産業は新規参入者と脱退組が入れ替わる変革期を迎えた。新政権は映画産業を次世代の重点育成部門として位置づけ、産業の基盤造成が行われた。

前近代的な商取引および配給システムの改善、シネコンの導入による劇場部門の改革措置などもとられた。

両国の映画産業は垂直統合型企業による寡占的競争体制の維持とシネコンによる急激なスクリーン数の増加という面で似てはいるものの、細部においては異なる懸案問題をそれぞれ抱えている。

日本の場合、長らく伸び悩んでいる映画の興行市場を、堅実な付加市場が支えてきた。最近の映画ビジネスではきわめて保守的で製作そのものには及び腰である大手映画会社と旺盛な創作熱意をもちながら資金調達に苦労しているインディプロダクションの両極化が目立つ。それに新たに製作の主体として登場している地上波放送局の役割分担が今後どうなるかは注目に値する。

一方、韓国においては今まで市場を牽引してきた公的資金の役割が一服しているなか、今後は大手映画会社がメイン投資家として製作を主導することが予想される。かつて映画作りにおける公的資金の投入は製作市場の活性化に貢献した肯定的な面だけではなく、公的資金ゆえにモラル・ハザードの問題も引き起こした。またその間興行市場のパイを大きく育ててきたシネコンも飽和気味である。海外においては韓流ブームが落ち着くにつれ、新たな市場への模索も進行中である。

韓国が今直面しているもっとも悩ましい問題は映画ビジネスが劇場興行に頼りきっているという収益基盤の脆さとまだ解決できていない著作権侵害による映画の付加市場の崩壊である。韓国の映画産業がこのような逆境を乗り越えて如何なる形に展開していくのだろうか。今後とも注視していきたい。

[注]

(1) ＭＰＡＡデータによると四人家族の映画観覧には二八・七ドルで済むものが、野球観戦九四ドル、テーマパーク一四四ドル、ホッケー一九五ドル、バスケットボール二〇〇ドル、アメリカンフットボールに至っては二八四ドルが必要である(http://www.mpaa.org/press_releases/2008_theat_stats.pdf 四頁参照)。

(2) 地上波、各種放送などでほかの放送コンテンツと共に使われている分とインターネットおよび携帯電話を通じて配信される分などは成長著しい分野ではあるが、具体的な市場規模が集計されていないため対象から外すことにする。

(3) 平日大人の鑑賞料金一、八〇〇円は建前では維持されているものの、各種割引プランによって入場料金は下がり、市場全体の平均入場料金は二〇〇八年末で一、二一四円である。

(4) 邦画初の「完成保険」、ソニー系など製作、米社が保証、資金調達容易に(二〇〇八／八／一六、日経朝刊)。

(5) コンテンツファンド退潮、景気悪化で投資家敬遠、新興企業に痛手(中略)一度冷え込んだ投資意欲は戻らないとの見方も強く、コンテンツ投資への優遇税制など総合的な対策が課題に(二〇〇九／六／六、日経朝刊)。

ＪＤＣ信託、上場廃止へ。ジャパン・デジタル・コンテンツ(ＪＤＣ)は信託を使って映画やゲームの販売収入を得る受益権を投資家に販売し、制作費を集める事業を展開して注目されてきた。同社は二〇〇六年のヒット映画「フラガール」の制作支援などを手がけていた(二〇〇九／一〇／一、日経朝刊)。

(6) 歴代海外で最大の興行収入を上げたのは「千と千尋の神隠し」である。アメリカではアカデミー賞を受賞し広告キャンペーンが行われたものの、興行収入は一、〇〇六万ドルに留まった(日経新聞夕刊三面、二〇〇五年六月一八日)。

(7) 一九九三年韓国政府は二一世紀成長産業として映画など文化産業を指定している。当時ハリウッド映画 The Jurassic Park (九二年封切り)がもたらした売上高八・五億ドルを韓国の主力企業である現代自動車の一五〇万台の輸出にたとえた話は有名である。ちなみに現代自動車の当時の実際輸出台数は六四万台に過ぎなかった。

九八年、金大中政権では映画における支援はするものの、干渉はしないことを政府方針として闡明し、翌年には映画人を中心にする半官半民の映画振興委員会（ＫＯＦＩＣ）を出帆させた。

〔参考文献〕

韓国語文献
映像産業政策研究所〔二〇〇八〕「メディア融合時代における映画付加市場の再生を探る」。

文化体育観光部刊〔二〇〇九〕『二〇〇八 文化産業白書』年次報告書。

キムミヒョン編著〔二〇〇六〕『韓国映画史』コミュニケーションブックス。

韓国映画振興委員会編『韓国映画年鑑』各年号。

韓国映画人会議編〔二〇〇三〕『韓国映画配給システム研究』。

韓国映画振興委員会〔二〇〇八〕『二〇〇六 韓国映画産業の実態調査と韓国映画収益性の分析』。

日本語文献
池田信夫〔二〇〇九〕『希望を捨てる勇気――停滞と成長の経済学――』ダイヤモンド社。

岩崎明彦〔二〇〇七〕『「フラガール」を支えた映画ファンドのスゴい仕組み』角川ＳＳＣ新書。

一瀬隆重〔二〇〇六〕『ハリウッドで勝て！』新潮新書。

掛尾良夫〔二〇〇三〕「日本映画の現状と韓国映画の躍進」『映画プロデューサー求む』キネマ旬報社。

キネマ旬報映画総合研究所編〔二〇〇九〕『日本映画の國際ビジネス』キネマ旬報社。

キネマ総研白書〔二〇〇八〕『映画ビジネスデータブック二〇〇八』キネマ旬報社。

――〔二〇〇九〕『映画ビジネスデータブック二〇〇九―二〇一〇』キネマ旬報社。

九鬼太郎〔二〇〇九〕『超格差社会韓国――あの国で今、何が起きているのか――』扶桑社新書。

経済産業省商務情報政策局文化情報関連産業課〔二〇〇四〕『プロデューサー・カリキュラム――コンテンツ・プロデュース機能の基盤

強化に関する調査研究』。

斉藤守彦〔二〇〇八〕『日本映画崩壊――邦画バブルはこうして終わる――』ダイヤモンド社。

――〔二〇〇九〕『映画館の入場料金は、なぜ一八〇〇円なのか？』ダイヤモンド社。

佐々木俊尚〔二〇〇七〕『ネット未来地図――ポスト・グーグル時代二〇の論点――』文藝春秋社。

財団法人デジタルコンテンツ協会編『デジタルコンテンツ白書二〇〇八』。

ジャパンデジタルコンテンツ著〔二〇〇四〕『コンテンツビジネスの資金調達スキーム』九天社。

菅谷実・中村清編〔二〇〇二〕『映像コンテンツ産業論』丸善株式会社。

崔圭皓〔二〇〇五a〕「韓国映画の復活と新しいビジネスモデルへの道」星陵台論集　三八巻一号。

――〔二〇〇五b〕「映画ビジネスにおけるファイナンス手法に関する一考察」星陵台論集　三八巻二号。

――〔二〇一〇〕「韓国映画ビジネスの変遷に関する一考察」大阪商業大学論集　第六巻第二号。

山下勝〔二〇〇五〕「日本の映画産業のダークサイド」『一橋ビジネスレビュー』。

新聞
邦画バブル、現場に危機感――作品も言説も荒廃？（今を読み解く）二〇〇七／一一／一一、日経朝刊　古賀重樹。
映画やアニメ制作費出資、コンテンツファンド退潮、景気悪化で投資家敬遠。二〇〇九／六／六、日経朝刊。
映画――テレビ主導、光と影（回顧二〇〇九）二〇〇九／一二／九、日経朝刊。

第五章　中国における日系自動車メーカーの販売網構築と課題

――４Ｓ店モデルの導入と修正を中心に――

孫　飛舟

一　はじめに

日系自動車メーカーの本格的な中国進出は一九九八年ホンダが広州汽車と合弁会社を立ち上げたことから始まった。以降、トヨタ、日産などの日系メーカーも中国進出を果たした。日系メーカーが中国に進出する時期はちょうど中国自動車市場におけるモータリゼーションの到来と重なり、旺盛な消費需要を背景に各メーカーはともに大きく販売を伸ばしてきた。しかし、二〇〇八年以降、それまで好調だった日系メーカーの販売が鈍化し始めた。二〇〇九年、中国全体の自動車販売台数が大きく伸びた中で、ホンダとトヨタは微増に止まっている。日系メーカーが中国に進出したこの一〇年あまり、初期頃に大きな成功を収めたにもかかわらず、最近不調に陥った原因は一体どこにあるのか。当然、この問題を明らかにするには、製品戦略をはじめ多岐にわたる総合的な分析が必要である。しかし、紙幅の関係上、本章では日系メーカーの販売体制に焦点を絞って考察することにする。

日系メーカーは中国に進出した当初から、「４Ｓ店」と呼ばれる販売モデルを基本とする販売体制をいち早く構築し、大きな成功を収めた。日系メーカーの4S店モデルの成功を目の当たりに、他の外資系、ローカル系メーカーも相次いでそれを自社の販売体制に採り入れるようになった。現在、4S店は中国の自動車販売における主要な販売モデルとなっている。しかし、近年、中国の自動車市場を巡る環境が大きく変化し、その中で、4S店モデルにも様々な問題を露呈するようになった。本章では、まず4S店モデルが中国に導入された経緯を辿り、それがなぜ導入された当初において大きな成功を収めたのかを考察する。そして、市場環境が変化する中で4S店モデルがどのような問題点を抱えるようになったのか、それらの諸問題に対処するために4S店モデルに対してどのような修正を加える必要があるのかを検証する。さらに、今後、中国をはじめとする新興国における日系メーカーの販売網構築に対して筆者なりの提言を行う。

二　4S店モデルの導入と成功

一　4S店とは

中国では自動車販売の4S店とは、一般的に新車販売（New Car Sales）、部品販売（Parts Sales）、アフター・サービス（After Service）と市場情報の収集・フィードバック（Market Information Survey）の四機能を持つ四位一体型の販売店を指す。つまり、4Sは流通業者である自動車販売店が果たすべき四つの主要な流通機能を意味する。この4S店モデルを最初に中国の自動車流通に導入したのは本田技研工業株式会社（以下は、ホンダ）である。それ以降、各自動車メーカーはホンダに倣って相次いでこの4S店モデルを自社の販売網構築にも用いるようにしたが、販売店に求める流通機能の面において若干の違いが見られている。例えば、トヨタ自動車株式会社（以下は、トヨタ）の場合は、市場情報の収

図表5-1　4Sと販売サイクルの関係

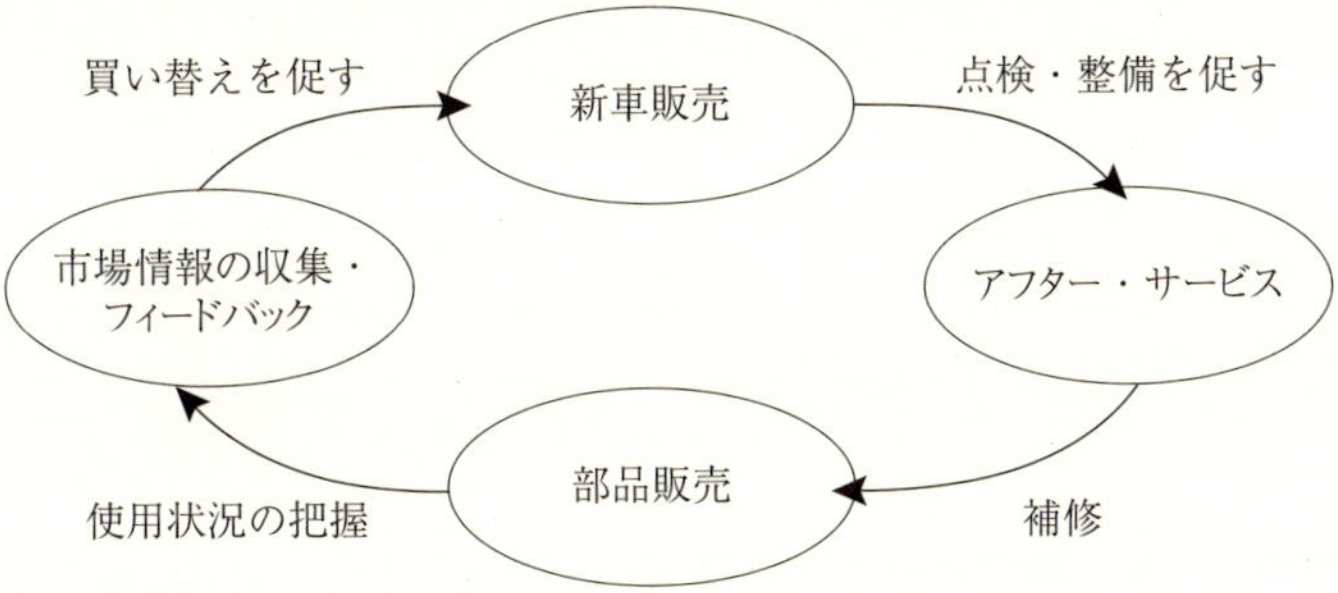

集・フィードバック機能を各販売店レベルではなく、メーカーによる一元管理を基本としているため、4Sではなく、3Sを販売網構築の基本モデルとしている。そのほか、近年、中古車の下取り・販売を重要視し始めたメーカーがかなり増え、上記の4Sに加えて5Sを基本モデルとするところも出始めている。いずれにせよ、4S店という言い方は業界のみならず、一般消費者にまで浸透しているのが現状である。

二　4Sの基本理念

4Sと呼ばれる四機能を販売店に課す目的は一体何であろうか。図表5-1の示すように、この四機能は自動車販売にとって必要不可欠な基本要素であり、それを果たすことによって自動車販売のサイクルをうまく回していこうとするメーカーの狙いがあったと言える。まず、新車を購入したユーザーに対して販売店は定期的に点検・整備（三ヵ月点検、六ヵ月点検など）を呼び掛け、サービス入庫を促す。そして、点検・整備の過程で問題が発見した場合に補修を行い、その際の補修部品代金と工賃は販売店の主要な収入源にもなる。さらに、定期的な点検・整備を通じて、車の使用状況を把握することができ、ユーザーとの人的な繋がりを強化することもできる。このような情報に基づいて、販売店は製品に対するユーザーの意見をメーカーに伝える一方で、ユーザーの好みや使用状況に合わせて新製品に関する情報をユーザーに伝え、買い替えを促し、次の新車販売に繋げていく。

4Sを機能させせることはメーカーのマーケティング戦略の根幹である。新車販売後のきめ細かなサービスを提供することで、ユーザーの信頼を獲得することができ、ブランド・イメージの確立に大いに役立つ。そして、ユーザーの使用状況や好みといった市場情報の収集を通じて、ユーザーに車の使用に関する的確なアドバイスを提供すると同時に、次の製品開発に必要なヒントを得ることもできる。また、このような一連の活動を通じて、自社ブランドに対するユーザーのロイヤルティを高め、次の販売をより確実なものにしていくことも可能である。さらに、販売店にとっても4Sを実行していくことによって、新車販売による利益だけでなく、アフター・サービスの過程で発生する工賃や部品販売などによる利益も得ることができ、経営基盤の強化を図ることも可能である。このように、4S店モデルはメーカーのみならず、販売店とユーザーにも大きな利益をもたらすまさに「三方よし」の販売方式と言ってよいであろう。

三　ホンダによる4S店モデルの導入

ホンダが中国で四輪の完成車事業を開始したのは一九九八年である。同年七月一日、ホンダは中国側の広州汽車集団公司と折半出資して合弁会社である「広州本田汽車有限公司（現在は広汽本田汽車有限公司、以下は、広州ホンダ）」を設立した。翌年三月二六日に最初の合弁生産車種である中型セダンの「アコード」がラインオフし、同時に最初の4S店もオープンした。

広州ホンダが設立された当時、中国の乗用車生産はほとんど外資との合弁生産によって行われていた。一九九〇年代、中国政府は乗用車生産に対する厳しい規制を課し、「三大、三小、二微[1]」と呼ばれる八つのメーカー以外に乗用車生産を認めなかったのである。さらに、広州ホンダ以外の合弁メーカーは自動車の販売を基本的に合弁パートナーである中国側に任せていた。その理由は主に次の二つにある。一つは、一九九〇年代の末頃まで自動車販売（特に乗用車販売）に対する中国政府の規制があった。乗用車を販売する場合、政府の認可が必要で、しかも、認可された販売業者のほとんどは国有の流通企業である。その中で、外資が自動車販売業に参入できないのはもちろんのこと、販売業者の選定に関しても基本的には口出しできない立場にあった。もう一つは、当時、中国の乗用車生産が少なく、一九九八年時点の生産台数は五〇・七一万台しかなかった。[2] しかも、ユーザーと言えば、政府機関、国有企業、タクシー会社などといった法人ユーザーがほとんどであった。台数が少ない、かつ個人ユーザーが少ない中、外資にとってあえて自動車販売に身を乗り出す必要性がなかったと言える。

当時の中国の自動車販売は極めて乱雑な状況にあった。国有の自動車販売業者は長年にわたって法人需要を当て込んでいたため、個人ユーザーへの対応は疎かにしてきた。自動車の展示を行うショールームがない上、アフター・サービスの提供もほとんど行っていない（法人ユーザーの多くは独自の自動車整備設備を持つところが多い）。さらに、小口の個人需要を相手にしたくない販売業者は、ブローカーに自動車を卸し、彼らに個人ユーザーへの販売を任せていた。当時、一部のブローカーが車の部品をイミテーションとすり替えてユーザーを騙す行為が発覚して大きな話題となり、[3] 自動車販売に対する個人ユーザーの信頼がかなり低下した。

一方、なぜホンダが4S店モデルを中国に導入できたのか。この問題についてまず言えるのは、ホンダのマーケティング戦略上、販売網の構築が極めて重要と位置づけられたからである。ホンダが中国で四輪の完成車事業を開始する前の一九八〇年代から既に二輪事業や四輪の部品事業を展開していた。[4] 二輪の販売こそ手掛けてこなかったものの、二輪のユーザーがほとんど個人であるため、中国における個人ユーザー開拓の重要性、特にブランド・イメージの確立と保持を図るために個人ユーザーに対するアフター・サービスの提供が不可欠と考えていた。[5] そして、もう一つ指摘しなければならないのは、一九九〇年代末、中国政府のWTO加盟交渉が大詰めを迎え、自動車の市場開放はいずれやらなければならない課題の一つであり、新規参入のホンダに対して中国政府は過度な干渉をしていなかったのである。さらに、長年自動車販売に対して規制を行ってきたにもかかわらず、ユーザーからは自動車販売の非効率性を指摘する声が上がる一方であった。また、自動車販売の規制を主張してきた国内貿易部が九〇年代末に中央省庁の再編によって解体され、新たに国家発展改革委員会が流通・商業の全般を管理するようになった。つまり、当時、自動車販売に対する中国政府の規制も緩和される方向にあり、それと相まって、ホンダによる4S店モデルの導入が可能となったのである。

では、ホンダが導入した4S店モデルの元となったのは一体何であろうか。それはほかでもなく、日本や欧米で培ってきた販売経験をもとに作られたものである。広州ホンダの初代総経理である門脇轟二氏はかつてアメリカ、カナダ、ベルギーでホンダの現地プロジェクトを指揮していた。そして、一九九三年より香港にある「ホンダ・モーター・チャイナ」の総経理となり、ホンダ車の対中輸出を任されていた。[6] 他の国、そして、中国ビジネスにかかわる長い経験から、門脇氏は自動車販売におけるサービス提供の重要性を強く意識していたという。そのほかに、広州ホンダを立ち上げた当初から、アメリカなどで活躍していた人材が数多く登用されてきたのである。

四　広州ホンダ4S店のスタンダード

広州ホンダの4S店を開店する際に、主に以下のスタンダードが要求される。[7]

（1）販売店側が一〇〇％出資する。広州ホンダ側は一切出資しない。
（2）販売店は独立した経営主体でなければならない。つまり、組織上、広州ホンダの販売店は独立法人である。
（3）広州ホンダから販売権を付与された後、一店舗しか開業できない。
（4）五、〇〇〇㎡以上の敷地面積を有しなければならない。
（5）販売店はすべて四位一体（4S）方式、ショールームと整備工場は併設しなければならない。そのほかに、駐車場も同じ敷地に有しなければならない。
（6）販売と修理は広州ホンダの製品に限定する。
（7）その他、広州ホンダが決めた建築基準、建築様式、標識、商標など統一した店舗イメージを守ること、広州ホンダより定期的にビジネス支援を行うことなどである。

このように、広州ホンダは販売店に対して一切出資しておらず、製品のみならず、ビジネス・フォーマットも一括提供するフランチャイズ方式の出店方法を採っている。この中で、特に注目したいのは敷地面積や整備工場の併設に対する要求である。五、〇〇〇㎡というハードルはかなり高いと思われるが、実際、広州ホンダ4S店の整備工場はかなり広いスペースを取っており、一般的に軽整備、重整備、板金、塗装といった各工程のストール数は二〇以上あり、さらに部品倉庫を含めると、その敷地だけでも約三、〇〇〇㎡が必要であり、サービス重視というホンダの姿勢がよく分かる。

図表5-2　広州ホンダ第一販売の組織図

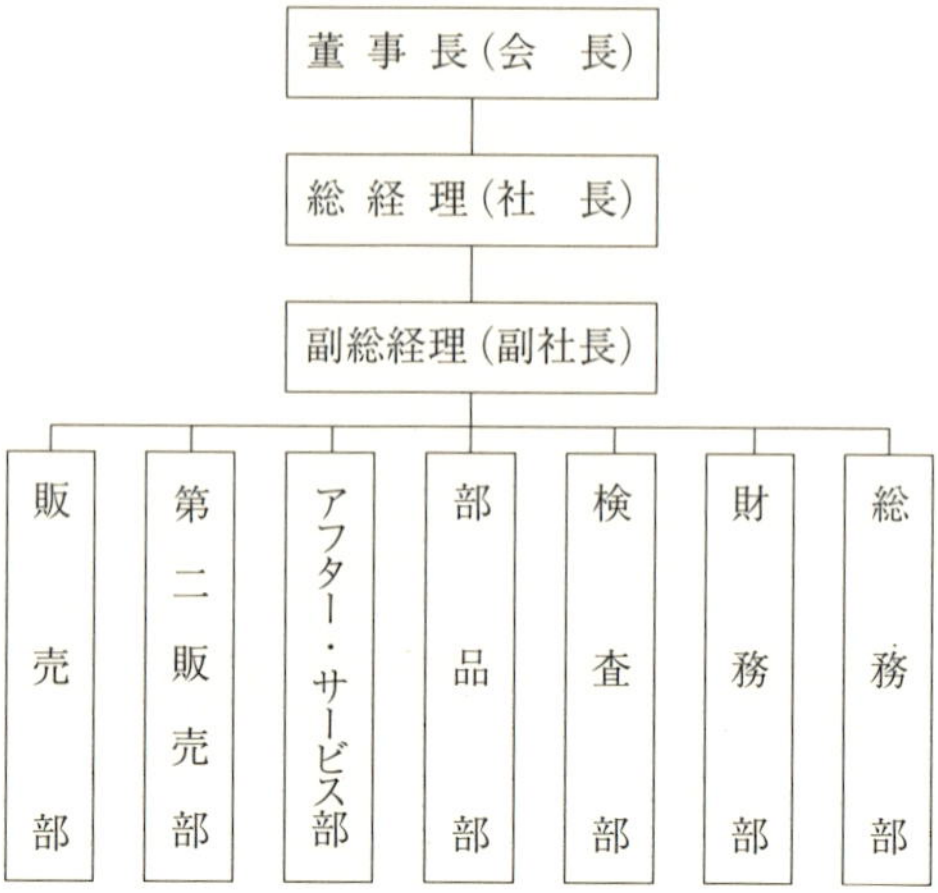

出所：2004年9月、広州ホンダ第一販売の会社説明資料より。

五　広州ホンダ4S店の経営状況

二〇〇四年九月、筆者は広州ホンダ4S店の第一号店、「広州本田汽車第一銷售有限公司（以下は、広州ホンダ第一販売）」に対してヒヤリング調査を行った。以下では同社の経営状況について見ることにする。

広州ホンダ第一販売は、広州汽車集団公司（五一%出資）と広州汽車集団商貿有限公司（四九%出資）の共同出資で一九九八年一一月三日に設立されたのである。翌年三月二六日に正式にオープンした。敷地面積は一四、〇〇〇㎡、建物の建築面積は四、三〇〇㎡である。総投資額二、〇〇〇万元で、従業員数は一一〇名である。同社の組織構成は図表5-2の示すとおりである。広州ホンダの4S理念に基づいて組織を構成したという。

図表5-3は同社の経営業績を示す主要なデータである。

一九九九年の開業以来、同社の新車販売部門は順調に業績を伸ばし、年間販売台数は毎年のように広州ホンダ4S店のトップ二〇に入るという。サービス部門の入庫台数も新車販売の増加とともに増え続け、新車販売の粗利が平均で五%前後に対して、サービス部門の粗利が約四〇%だという。同社の担当者の説明

図表5-3　広州ホンダ第一販売の販売・サービス状況

	売上高（万元）	純利益（万元）	販売台数（台）	サービス入庫台数（台）
1999年	37,886	2,021	1,470	2,962
2000年	40,169	2,054	1,512	9,300
2001年	46,262	2,317	1,614	15,204
2002年	44,087	2,005	1,606	17,033
2003年	51,196	2,368	2,222	19,934

出所：同前図。

では、初期投資の二、〇〇〇万元を僅か一年で回収したという。実際の業績データを見ると、初年度の純利益だけでも既に二、〇〇〇万元を上回っており、それをはっきり証明できたのである。同社の担当者に「経営上、何か問題があるか」と質問すると、「広州ホンダにもっと車を回してほしい」と、その担当者は納車待ちのユーザーが半年先まで埋まっていることを明かしてくれた。

その後、筆者はまた北京、上海にある広州ホンダの４Ｓ店数社を訪問したが、ほぼすべての４Ｓ店は広州ホンダ第一販売と同じような経営状況にあった。このように、ホンダが４Ｓ店モデルを中国に導入して、かなり大きな成功を収めたと言える。その成功を支えた要因は４Ｓという販売理念が見事に中国ユーザーの心を捉えていることだけではなく、販売店側が４Ｓ理念に基づいて経営活動を行うことによって大きな利益を得たことも重要である。広州ホンダが推し進めた４Ｓ店モデルの成功を目の当たりに、他の自動車メーカーも相次いでそれを倣って自社の販売体制に取り入れ始めた。また、「４Ｓ店をやれば儲かる」という４Ｓ店神話が広まり、４Ｓ店になろうとする業者が各メーカーに殺到した。

４Ｓ店が中国に登場してから一〇年、二〇〇九年には広州ホンダの４Ｓ店は三八〇店を超え、中国全土には約一万店の４Ｓ店が存在すると言われ(8)、４Ｓ店は今日の中国自動車販売の最も主要な形態となったのである。

図表5-4　市場セグメントの変化

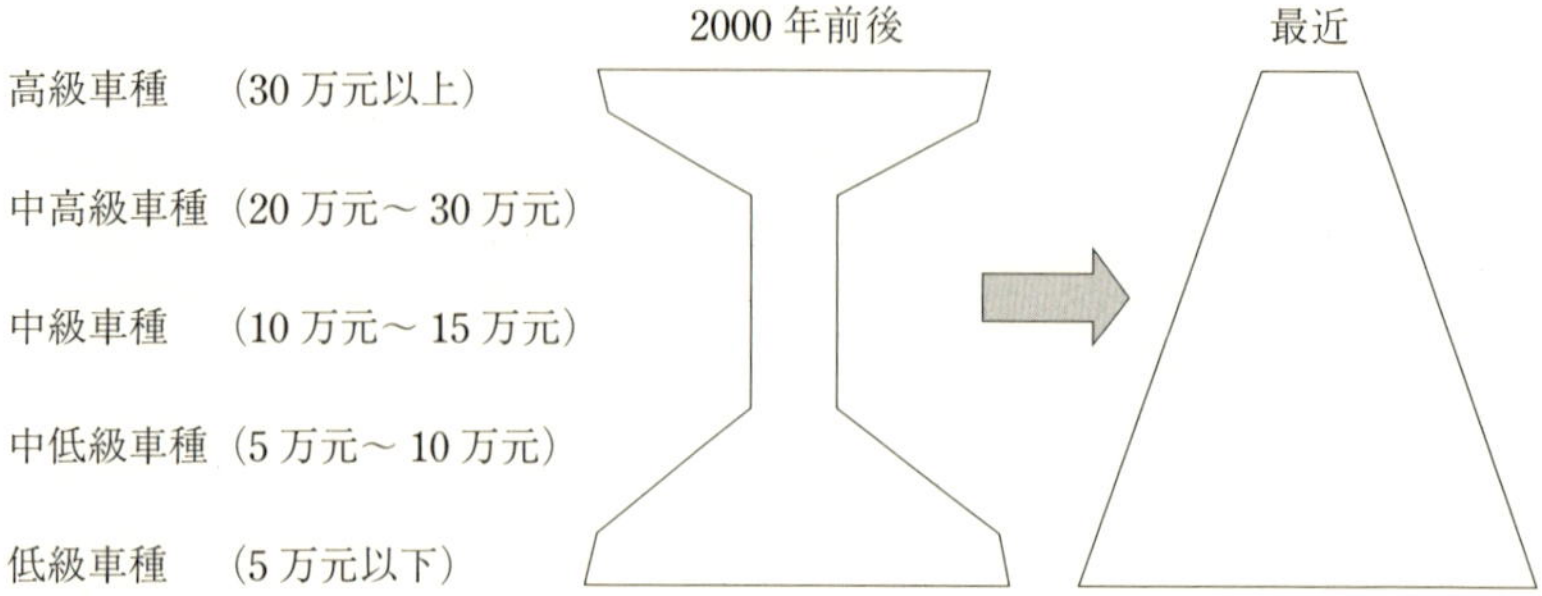

出所：筆者作成。

三　4S店問題点の露呈

4S店が急速に普及していく中で数多くの問題にも直面するようになった。近年、中国自動車市場を巡る環境が激変しており、多くの4S店も経営の厳しさを増している。

一　市場セグメントの変化

図表5-4の示すように、4S店が登場した二〇〇〇年前後、中国の自動車市場はシャンパン・グラスのような、上下両極が広く、中間が細い構造を呈していた。まず、三〇万元を超す高級車セグメントでは、法人や富裕層の底堅い需要があり、高級輸入車や合弁メーカーの高級車種の販売が好調であった。一方、一〇万元前後の中低級車種や五万元以下の低級車種も、都市部のタクシー会社や中間層の間で人気があり、同じく大きなシェアを占めていた。一〇万元~三〇万元の中間部分については、都市部の中間層の収入がまだ少なかったことやメーカーが提供する車種が少ないなどの原因で、僅かなシェアしかなかった。

しかし、最近では、中国の自動車市場はピラミッドに近い構造を成すようになった。都市部の中間層は収入の増加とともに、一〇万元~三〇万元の中級、中高級車種へとシフトしている。そして、二〇〇一年の中国WTO加盟以降、欧米、日本、韓国の自動車メーカーが相次いで中国に進出し、現地生産を開始した。これらのメーカーの主要車種は一〇万元~三〇万元の価格帯に集中している。他方、中国の地場メーカーも二〇〇〇年前後から、一〇万元以下のセグメントを中心に低価格の車種を相次いで投入し、都市部の中低所得者層や地方市場で大きくシェアを伸ばしてきた。特に、二〇〇九年に中国政府は世界金融危機以降の景気刺激策の一環として、排気量一・六L以下の自動車取得税の引き下げ(一〇%から五%に)や農村の自動車市場を振興させるための「汽車下郷」政策を相次いで打ち出した。その影響がかなり大きく、中低、低級車種の販売が他のセグメントの車種に比べて著しく増加したのである。

二　4S店の高コスト体質

市場セグメントの変化は4S店の経営にも大きな影響を与えたのである。つまり、高級車種の販売に適していた4S店モデルは、中低、低級車種の販売に向かないことが明らかとなったのである。ここで簡単な試算をやってみよう。

4S店の初期投資額は出店場所によって若干異なっているが、平均にして約二、〇〇〇万元が必要である。4S店の年間出費は人件費や広告宣伝、光熱費などの販売管理費が約五〇〇万元かかる。車の単価が三〇万元で、新車販売の粗利が五%(業界平均)、年間販売台数が一、〇〇〇台の場合、初期投資の回収及び黒字経営の達成にどれぐらいの期間が必要とするのか。ここでは、とりあえずサービス部門の収益を計算に入れないで、新車販売部門の収益だけで計算することにする。計算の結果は以下のとおりである。

計算①　高級車4S店の場合：
二、〇〇〇万元＋五〇〇万元×X年＝三〇万元×五%×一、〇〇〇台×X年
X＝二年

今度は車の単価が一五万元で、その他の条件は上記と同じ場合、初期投資の回収及び黒字経営の達成にどれぐらいの期間が必要とするのか。

計算②　中級車4S店の場合：
二、〇〇〇万元＋五〇〇万元×X年＝一五万元×五%×一、〇〇〇台×X年
X＝八年

では、車の単価が一〇万元の場合はどうなのか。

計算③　中低級車種4S店の場合：
二、〇〇〇万元＋五〇〇万元×X年＝一〇万元×五%×一、〇〇〇台×X年
（有効な計算式ではないため、計算不成立。）

以上の試算から分かるように、４Ｓ店を経営する場合、初期投資や販売管理費のような固定費の部分についてはほとんど変わらないにもかかわらず、取り扱う車種によって経営の状況は随分と変わってくる。平均単価三〇万元以上の高級車を販売する場合、粗利額が大きいため、４Ｓ店は約二年で初期投資の回収と黒字経営の達成ができる。それに対して、平均単価が一五万元の中級車種を販売する場合、粗利額がかなり減るため、同じような年間販売台数でやっていくと、初期投資の回収と黒字経営の達成には約八年かかる計算となる。一方、平均単価が一〇万元の中低級車種の場合、同じような年間販売台数では経営が成り立たなくなる。もし中低級車種の４Ｓ店が計算②と同じ八年で初期投資の回収と黒字経営の達成を図るなら、年間販売台数は少なくとも一、五〇〇台が必要である。さらに、計算①と同じ二年で初期投資の回収と黒字経営の達成を図るなら、なんと年間三、〇〇〇台を販売しなければならない計算となる。

広州ホンダの４Ｓ店が成功できたのは、やはりアコードの平均単価が高く、粗利額がかなり高いため、４Ｓ店の経営がいち早く軌道に乗ることができたからである。それに対して、それ以降誕生した他のメーカーの４Ｓ店の多くは、平均単価が低いにもかかわらず、安易に４Ｓ店の真似をして、高い初期投資と販売管理費に悩まされ、経営難に陥ることとなったのである。また、広州ホンダをはじめとする日系メーカーにとっても、中級車種の増加、販売競争の激化に伴い、４Ｓ店の新車販売部門の収益が同じく減少傾向にある。その打開策の一つとして、サービス部門の収益を上げていくことが挙げられるが、しかし、サービス部門の収益は管理ユーザーの多寡にかかる部分が大きく、開業して一定年数を経つ４Ｓ店にとって管理ユーザーが多く、サービス入庫もかなり多い。一方、開業して間もない４Ｓ店の場合は、管理ユーザーがまだ少なく、サービス部門の収益を上げるにはかなり難しい局面がある。

このように、４Ｓ店が直面する状況を打開するために、初期投資や販売管理費を減らす工夫を考えなければならない。実際に、一部のメーカーでは既にその試みを始めている。しかし、日系メーカーの中でそのような試みを行っているところはまだ少ない。

三　地域分布のアンバランス

4S店が抱えているもう一つの大きな問題点は、地域分布のアンバランスである。現在、4S店の多くは所得水準が高い大都市や東沿海地方に集中しており、地方都市や内陸部での出店が少ない。

図表5-5の示すように、各社の4S店が一人当たり消費支出上位一〇の直轄市・省・自治区に集中している傾向が顕著に見られる。特に、一汽トヨタと広州ホンダはその傾向が最も強く、一汽トヨタの場合は六七・七〇%、広州ホンダの場合は六六・四九%の4S店がそれらの地域に集中している。一方、一人当たり消費支出が中位と下位の直轄市・省・自治区には4S店が相対的に少なく、一汽トヨタの場合、一人当たり消費支出が二一～三一位の地域に分布している4S店の割合は一三・四八%しかない。それに対して北京現代の場合、同じ地域に分布している4S店の割合は二二・八五%、店舗数で見ると、一汽トヨタの二倍となっている。

二〇〇九年、中国の自動車販売において、北京現代と東風日産がそれぞれ五七・〇三万台（乗用車販売ランキング第五位）と五一・九〇万台（乗用車販売ランキング第六位）を記録し、対前年比で見ると、北京現代が九三・六五%、東風日産が四八・〇六%の増となっている。それに対して、一汽トヨタの販売台数は四一・七三万台（乗用車販売ランキング第一〇位）で、対前年比一四・〇〇%の増に止まっている。[9] 広州ホンダは三六・五六万台を売り上げ、対前年比一九・四〇%の増であった。[10] 北京現代と東風日産が大きく躍進した背景には、やはり地方都市や内陸部への積極的な店舗展開が功を奏したと言われている。

図表5-5　直轄市・省・自治区別消費支出水準と各社4S店の地域分布

消費支出順位	地域名称	1人当たり消費支出（元）	人口（万人）	トヨタ系、ホンダ系、日産系と韓国現代系の合弁メーカーの4S店分布（店舗）					
				一汽トヨタ	広州トヨタ	広州ホンダ	東風ホンダ	東風日産	北京現代
1～10	上海	24,260	1,858	14	7	13	8	14	11
	北京	18,911	1,633	22	11	19	10	17	37
	広東	12,663	9,449	68	39	72	36	57	27
	浙江	12,569	5,060	35	25	41	20	38	40
	天津	11,957	1,115	8	4	4	5	7	6
	江蘇	9,659	7,625	36	21	41	25	32	34
	福建	8,772	3,581	12	10	15	11	14	11
	山東	8,075	9,367	26	14	33	21	34	41
	遼寧	7,965	4,298	16	9	18	12	16	11
	内蒙古	7,062	2,405	4	1	0	4	11	12
小計		12,189	46,391	241	141	256	152	240	230
全体に占める割合			35.71％	67.70％	64.68％	66.49％	57.58％	60.00％	52.04％
11～20	吉林	6,675	2,730	6	2	8	3	4	7
	重慶	6,545	2,816	5	2	4	3	4	5
	湖北	6,513	5,699	7	6	16	11	12	18
	湖南	6,240	6,355	9	5	15	6	15	15
	黒竜江	5,986	3,824	7	4	10	4	8	8
	寧夏	5,816	610	1	2	0	1	1	4
	河北	5,674	6,943	13	9	17	12	17	24
	海南	5,552	845	3	2	2	3	2	1
	山西	5,525	3,393	10	7	0	8	10	15
	安徽	5,278	6,118	6	3	0	8	14	14
小計		5,980	39,333	67	42	72	59	87	111
全体に占める割合			30.28％	18.82％	19.27％	18.70％	22.35％	21.75％	25.11％
21～31	陝西	5,272	3,748	4	4	6	6	6	10
	四川	5,259	8,127	8	5	13	8	13	20
	河南	5,141	9,360	12	9	21	15	17	28
	広西	4,987	4,768	6	4	0	5	10	6
	青海	4,978	552	1	0	0	1	1	2
	新疆	4,890	2,095	4	2	0	2	5	4
	江西	4,702	4,368	4	5	10	5	7	11
	雲南	4,553	4,514	5	3	7	6	6	11
	甘粛	4,274	2,617	1	1	0	3	2	5
	貴州	4,057	3,762	2	2	0	2	5	3
	チベット	3,215	284	1	0	0	0	1	1
小計		4,666	44,195	48	35	57	53	73	101
全体に占める割合			34.02％	13.48％	16.06％	14.81％	20.08％	18.25％	22.85％
合計		7,612	129,919	356	218	385	264	400	442

出所：『中国統計年鑑2008年版』と各社のウェブサイトに掲載された地域別販売店情報に基づいて作成。

注）消費支出、人口のデータは2007年のものである。各社の店舗数、地域分布のデータは2009年末時点のものである。

図表5-6　都市規模別4S店分布（2009年末時点の状況）

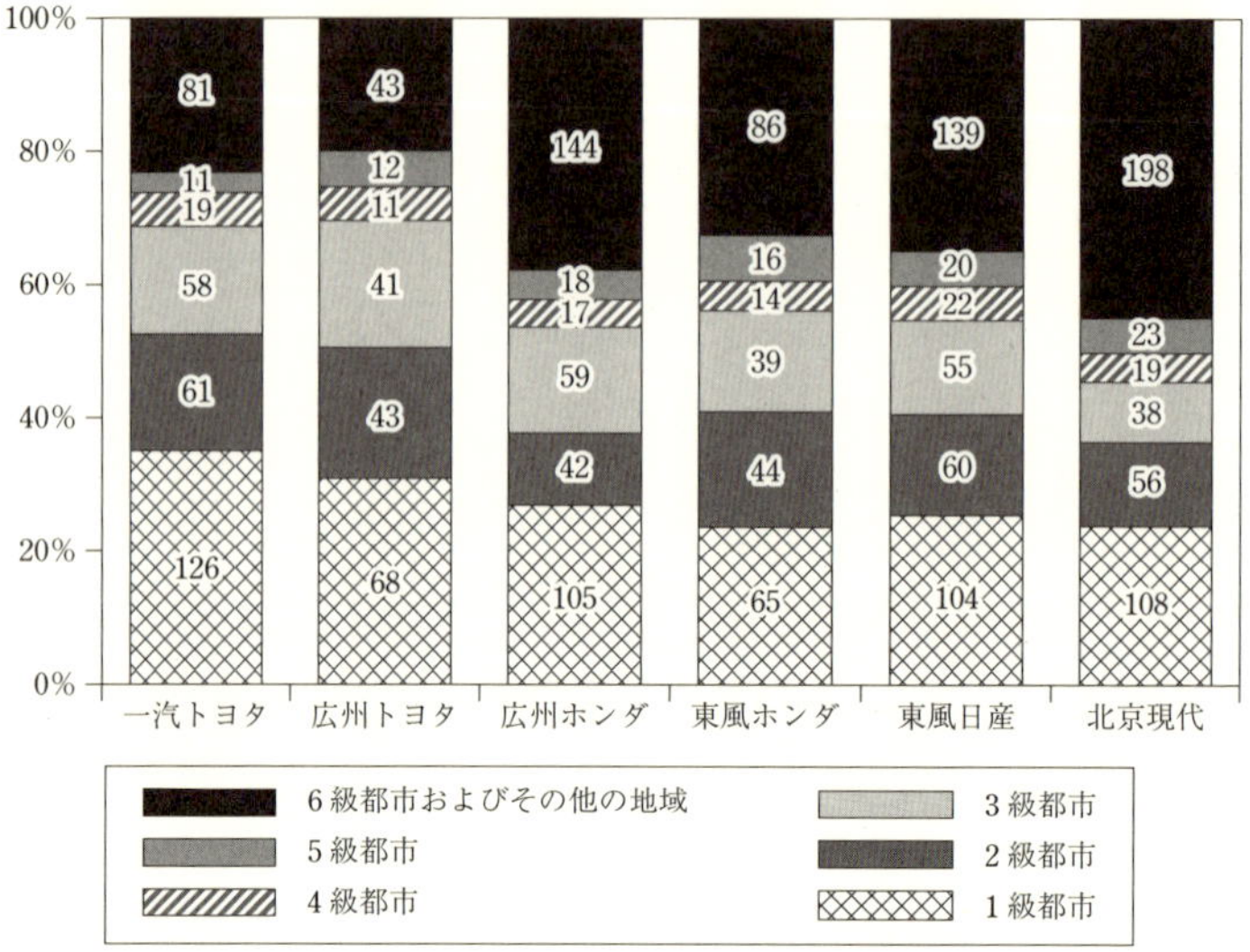

出所：各社のウェブサイトに掲載された地域別販売店情報に基づいて作成。

近年、中国政府は「西部大開発」をはじめとする内陸部の振興政策を次々と打ち出し、積極的に内陸部の経済発展を図ろうとしている。都市建設や道路建設などの公共事業が内陸部の経済発展に大きく寄与している。二〇〇九年、中国都市部の自動車販売の伸び率を見ると、北京、上海、広州といった第一級都市の伸び率が三三・六％であるのに対して、地方の第二級都市や第三級都市の伸び率はそれぞれ、四一・〇％と五一・四％に達している。[11]

現在、中国の行政管理において、中央政府直属の直轄市（北京、上海、天津、重慶の四都市）以外に、各省・自治区の管轄下にある「地級市（地方主要都市）」は二八七ある。[12]それらの都市は、経済水準と人口規模に基づいて第一級から第六級まで六つのグレードに分けられている。第一級は一八都市、第二級は二五都市、第三級は二四都市、第四級は一八都市、第五級は二三都市、上記一〇八都市以外の二〇〇余りの都市は第六級都市となる。図表5－6の示すように、日系合弁メーカー主要各社と韓国系合弁メーカーの北京現代の都市規模別4S店分布状況を見ると、北京現代に比べると日系合弁メーカー主要各社の4S店はかなり上位の都市に集中していることが分かる。日系合弁メーカーにとって成長の著しい地方市場の開拓が大きな課題となっている。

四　政府の自動車流通政策の転換

二〇〇五年四月一日、中国政府は「自動車ブランド販売管理実施弁法（以下は、ブランド管理弁法）」を公布、実施した。同政策実施の目的は主に、WTO加盟時の公約である自動車市場の開放、特に自動車流通分野における外資の参入に対する規制を緩和すること、及び自動車流通業界全体の規範化を図ることである。

ブランド管理弁法の中で、まず自動車販売にかかわる主体（企業）を「自動車供給商（自動車メーカー）」、「自動車総販売商（販売統括会社）」と「自動車ブランド販売商（販売店）」の三つに限定した。その上で、「自動車供給商の授権を受けている自動車ブランド販売商が統一した店舗名称、標識、商標等を使用し、自動車の経営活動に従事しなければならない（第三条）」と規定している。さらに、「自動車ブランド販売商は自動車供給商の授権範囲内で自動車ブランド販売、アフター・サービス、部品供給などの活動に従事すること（第二五条）」や、「自動車ブランド販売商は、自動車供給商との授権経営契約書を厳密に遵守し、自動車供給商が提供する自動車生産企業独自のサービス商標を使用しなければならない。自動車供給商の企業イメージ及びそのブランド・イメージの維持に努め、経営するブランド自動車の販売水準及びサービス水準を向上させるよう努めなければならない（第二六条）」などのような、メーカーにとって販売店をコントロールしやすい条項が多数盛り込まれている。つまり、販売店が自動車を販売する際に、メーカーによるフランチャイズ権の付与が前提となる。しかも、そのフランチャイズ権を獲得しようとする場合、販売店側がメーカーの決めた店舗基準や経営方式などを忠実に守らなければならない。そのほかに、ブランド管理弁法には、販売店にメーカー製品の専売を義務付けることやメーカーによる一方的な契約解除を認めるような条項もあり、かなりメーカー寄りの政策となっている。

ブランド管理弁法の実施によって、メーカー各社はフランチャイズ権を武器に販売店に対して4S店モデルを一方的に押し付け、4S店の大量発生を招く結果となった。前述のように、中低価格帯以下の車を扱う販売店にとって、4S店方式は初期投資をはじめ、販売管理費の面においてもかなりの出費を要し、それを賄うための収益を上げることは極めて困難である。結局、販売店の多くはメーカーからの要求に応えることができず、メーカーによる一方的な契約解除が突きつけられたり、経営に行き詰ってやむを得なく廃業に追い込まれたりするケースがかなり多く見られるようになった。その中で、多くの販売店はメーカーの一方的な支配に対して反発の声を上げ始めた。二〇〇六年一二月に発生した「山西新宝鼎事件」は中国国内のマスコミによって大きく取り上げられ、大きな話題を呼んでいる[13]。

「山西新宝鼎汽車公司（以下は、山西新宝鼎）」は山西省にある大手の自動車販売グループである。二〇〇六年一二月、山西新宝鼎が北京で記者会見を開き、長年の赤字経営の末、同社は長安フォードとの販売契約を破棄し、長安フォードの販売統括会社の総経理であるダビット・トーマス氏の解任を申し入れたとの声明を発表し、業界を賑わせた。山西新宝鼎の主張によれば、二〇〇三年八月に長安フォードと販売契約を締結し、その4S店となって以来、長安フォードは新車種に一定の割合で売れない車種を抱合わせて引き取らせたり、価格コントロールの面で頻繁に値下げを行い、販売現場での混乱を生じさせたりするなど、4S店の在庫が増え、利益がほとんど出ない状況が続いていたという。今回の解約声明を引き起こした直接のきっかけは、二〇〇六年の七、八月に発生した長安フォードによるあまりにも一方的な押し込み在庫にある、と山西新宝鼎の責任者がいう。当時、長安フォードは山西新宝鼎に対して、毎月二、〇〇〇万元以上、台数に換算すれば月一五〇台以上の在庫を消化するよう要求した。しかし、当時山西省にある長安フォードの4S店は計六社、一社当たりの月販台数は二〇～三〇台しかない。その中で、山西新宝鼎は長安フォードからの販売要求を断った。山西新宝鼎の責任者の話によれば、4S店の経営を行うためにはこれまでに三、〇〇〇万元以上投資しており、しかし、長安フォードの製品の粗利は一般的に一台当たり僅か三〇〇元～四〇〇元しかなく、車種によって一台当たり数千元の赤字を出す場合もあり、結果的に、三年の間に数百万元の損を出したという。

自動車販売業界に見られるメーカーによる優越的地位の乱用に対して、中国汽車流通協会をはじめ、多くの業界関係者は中国政府に「ブランド管理弁法」の改定を訴える要望書を出しており、近々、中国政府も新たな自動車流通政策を出す予定である[14]。さらに、二〇〇七年八月に中国政府は「反壟断法（独占禁止法）」を公布し、二〇〇八年八月に実施を開始した。その中で、特定の企業による優越的地位の乱用を禁止する条項も盛り込まれており、今後新しい自動車流通政策の制定において「反壟断法」に沿った条項が多く含まれるようになると見られている[15]。

そのほかに、近年、中国各地で新たに打ち出された都市計画関連政策や環境政策なども自動車販売店の立地に少なからずの影響を与えている。最近、中国の各主要都市において、環境重視の政策が相次いで打ち出されている。中心市街地では環境汚染の恐れのある施設が建設できなくなり、既存の施設も閉鎖または郊外への移転を義務付けられるようになった。4S店の場合、整備工場が併設されているケースが多く、特に重整備の設備を備えている整備工場の場合、板金、塗装などに伴う騒音、排気、廃油の発生が環境規制の対象となり、中心市街地では建設できなくなった。結局、それらの4S店は郊外への移転を余儀なくされている。人口が密集している中心市街地での立地ができなくなり、交通の便が悪い郊外へと移転せざるを得ないことは、4S店にとって、来店客が大幅に減り、経営がさらに難しい状況に置かれることとなった。

四　4S店モデルの修正

近年、4S店を巡る環境が大きく変わる中で、一部のメーカーは4S店モデルに対する修正を試み始めた。

一　業販方式とサテライト方式の導入

4S店が直面する諸問題に対処するために、一部のメーカーは業販方式またはサテライト方式の販売モデルを新たに打ち出した。前述のように、広州ホンダによって導入された4S店モデルは販売店が果たすべき四つの流通機能が同じ法人による管理を前提に、立地面においても同じ敷地にショールームと整備工場を建設しなければならない。しかも、4S店は一フランチャイズ権につき、一店舗しか開店できない。それに対して、業販方式とサテライト方式は、従来の4S店(一店舗のみ)に加えて下部組織を設けることが可能である(図表5-7参照)。

業販方式の場合、4S店は独自でユーザーに販売を行うと同時に、二級店と呼ばれるサブディーラーを経由してユーザーに販売することもできる。二級店は4S店とは全く資本関係のない別法人であり、主に新車販売のみを行い、販売後のアフター・サービスについては、販売時に4S店をユーザーに紹介するのがほとんどである。二級店の選定に関しては基本的に4S店に任されており、メーカーとは契約関係が存在しない。さらに、二級店では4S店と違い、一般的に特定メーカー車種の専売を行っておらず、複数メーカー車種の併売を行う場合が多い。二級店のようなメーカーとのフランチャイズ契約がなく、併売を中心とする販売店(業販店)は、4S店モデルが登場する以前から中国の

図表5-7　業販方式とサテライト方式

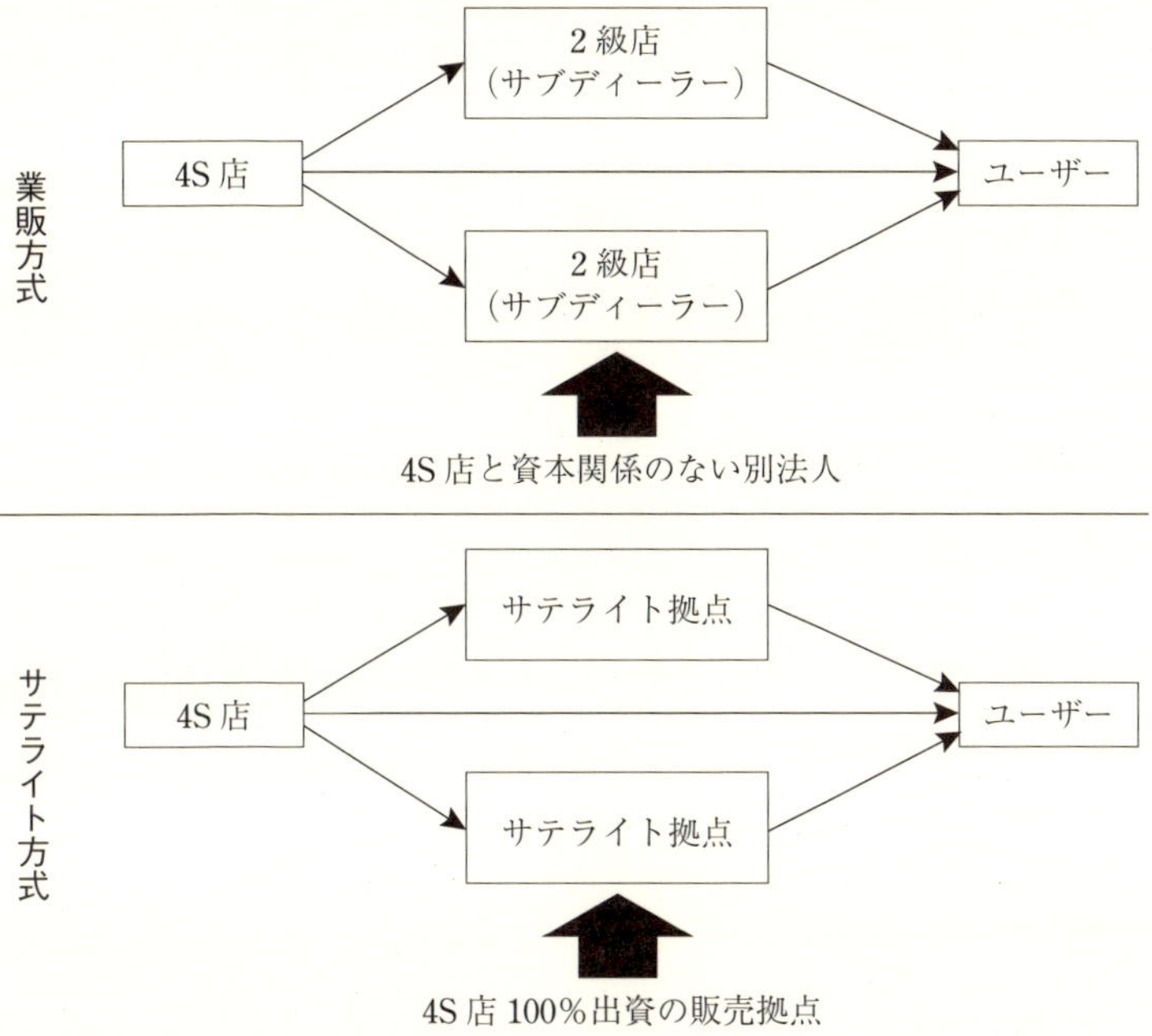

出所：筆者作成。

自動車流通に存在していた。当時では、いわゆる国有の大手自動車販売業者の下級店（多くは個人ブローカー）であった。4S店モデルが登場した後、彼らの一部は経営組織の充実化を図り、主要メーカーの4S店となったが、製品力やブランド力が弱い中小メーカー製品の販売を続けていたものも少なくない。

一方、サテライト方式は、4S店が一〇〇％を出資して販売拠点（軽整備も含む）を設ける方式である。前述の部分で触れたように、中国の多くの都市において環境規制が厳しくなる中で中心市街地での4S店の出店ができなくなった。郊外に立地する4S店に対して、一部のメーカーは彼らによるサテライト拠点の設置を認めた。サテライト拠点は重整備を行う大規模な整備工場を必要としないため、中心市街地への出店は可能である。

現時点では、サテライト方式が主に欧米系

と韓国系の外資合弁メーカーによって導入されつつあり、業販方式はローカル系の大手メーカーによって導入されている。日系合弁メーカーの中で、まだ本格的に導入するところが少なく、検討すら行っていないメーカーもある。(16)

二　サテライト方式について

業販方式に比べて、サテライト方式の方が検討すべき価値があると筆者は考える。確かに、業販方式の場合、二級店への出資は不要であり、既存の4S店にとってコスト節約の面において大きなメリットがある。特に地方市場を開拓する際、大都市に比べて人口が分散しており、4S店の商圏（テリトリー）はかなり広くなるのが一般的である。その広い商圏において、二級店に新規ユーザーの獲得を任せることによって販売台数の増加に繋げることができる。しかし、二級店による販売の場合、4S店にとって本来の強みである4S機能を発揮できない恐れがある。前述のように、4S店モデルの強みは、4S機能をうまく繋げることによって、新車販売後にユーザーに対して定期的にアフター・サービスを提供し、その過程で部品の販売を行うこともでき、さらに、ユーザーの使用状況を的確に把握して買い替えを促し、次の新車販売に繋げていく、というサイクルをうまく回すことでメーカーのマーケティングのみならず、販売店とユーザーにも大きな利益をもたらすことができるところにある。二級店を介した販売の場合、4S店はエンド・ユーザーと直接に接触しないため、ユーザーの情報を収集することができなくなる恐れがある。二級店は一般的に併売を行う場合が多く、個別ブランドの販売におけるユーザー情報の収集において、個別ブランドの専売を行っている4S店ほどしっかりした情報収集体制を持っておらず、細かい点までユーザーの声を吸い上げる仕組みを構築していないところが多い。たとえ、そのような仕組みを持ったとしても、全く資本関係のない二級店からユーザーの個人情報を4S店にスムーズに伝達させるための法的、組織的なハードルも高い。結局、このように、ユーザー情報の収集と伝達の面において、二級店を介した販売の場合は多くの問題を抱えており、それは結果的に4S店にとって4S機能をうまく発揮できない可能性があるため、業販方式は決してよい解決手段ではないと言える。

一方、サテライト方式の場合、サテライト拠点と4S店（本部）は同じ法人であり、ユーザー情報の収集と伝達が一元管理の下で行うことができ、4S機能の発揮において法的、組織的な障害がないと言える。サテライト方式の場合では4S店の出資がかなり増え、コスト面で問題が生じるのではないかという意見があるかもしれないが、筆者として、このような意見に対して以下のように考える。

前述のように、4S店の高コスト体質の根本的な原因は、コストそのものというよりは、多くの4S店にとってコストに見合うような収益が上げられないところにある。この問題を解決する手段は二つしかない。一つは、4S店の収益をいかに上げるかということ、もう一つは、4S店のコストをなるべく下げることである。

まず、4S店の収益をいかに上げるかということについて言えば、新車販売の収益とアフター・サービス、部品販売の収益を効率よく上げるしかない。新車販売の収益を上げるために、一つはメーカーが4S店の利幅を考慮して新車価格の適正基準を設けることによって解決できると考えられるが、しかし、販売競争が激しさを増す中で、メーカーによる適正価格の設定に頼るだけではあまりにも安易な発想でしかないと言える。4S店側にとってやはり一定の販売台数の確保が必要である。販売台数を確保するためにより多くのユーザーに実際に車を見てもらい、乗ってもらう必要がある。しかし、現状では交通の便が悪い郊外に立地する4S店にユーザーが足を運ぶことは難しい。したがって、ユーザーにとって来店しやすい中心市街地に店舗を構える必要がある。さらに、新車販売の機会が増えると、4S店にとって販売台数の確保がしやすくなるだけでなく、管理ユーザーの数も増え、サービス入庫に繋がる可能性が高くなり、サービスと部品販売の収益も増える可能性が高くなる。

図表5-8　4S店機能別立地のイメージ

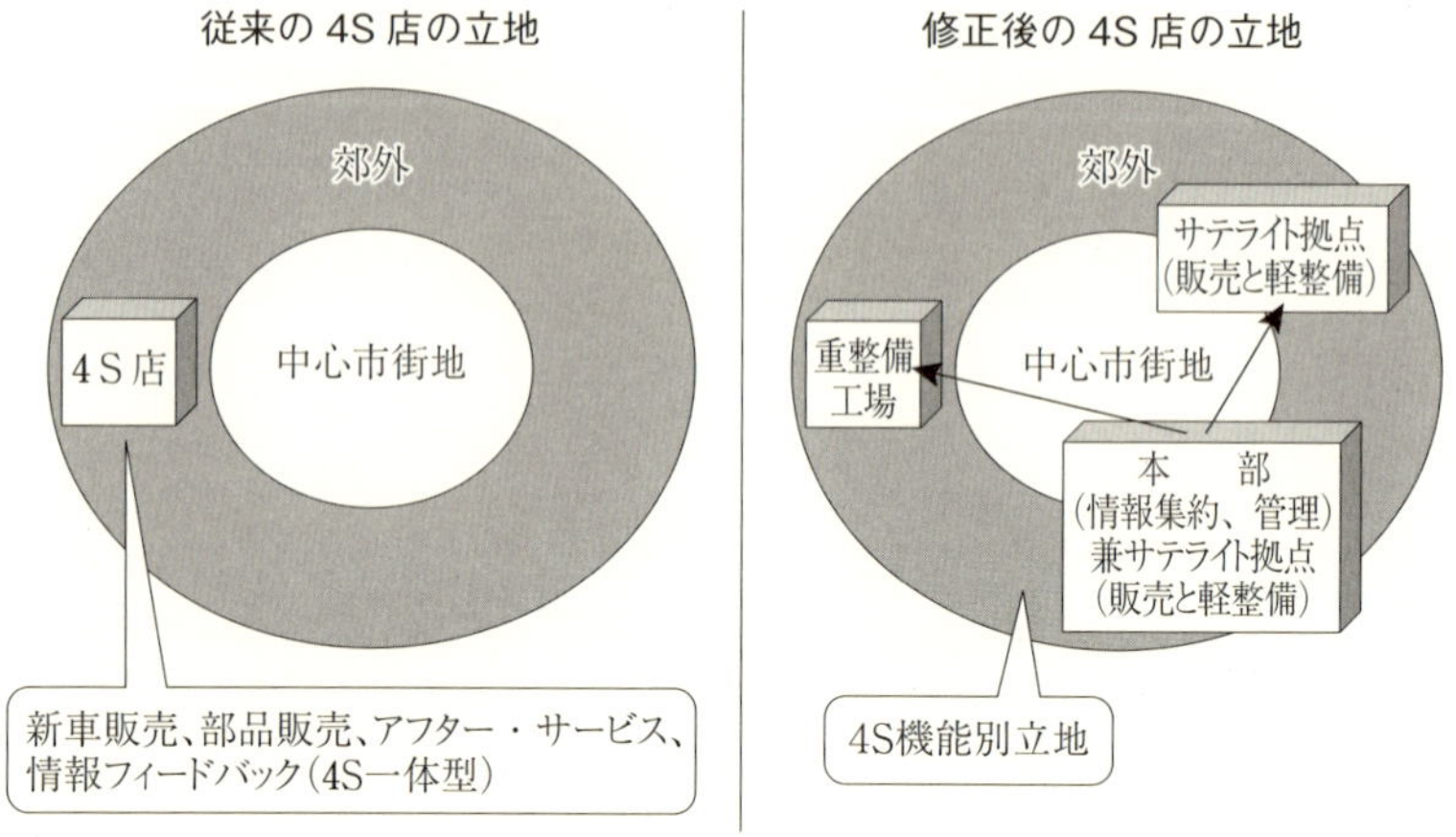

出所：筆者作成。

次に、4S店のコストをどのように下げるのかという問題について、4S店の機能別立地を考慮することによって解決できると言える。図表5-8の示すように、従来の4S店は4S機能の一体化を前提に、ショールームと整備工場などの併設が求められる。その結果、4S店は広大な敷地を確保する必要があり、中心市街地への出店もできなくなる。それに対して、4S店の機能別立地とは、同一法人（本部）による管理の下、新車販売拠点と重整備を行う整備工場を別々に立地させるということである。実際に、4S店となる業者の多くはこれまでに何らかのビジネスを展開してきており、その中で自動車販売や自動車整備に携わってきたものも少なくない。彼らに4S店を作るための土地や建物を新たに確保させるよりは、既存の施設を活用させることで、かなりのコスト削減効果が得られるのである。さらに、本部とサテライト拠点（販売と軽整備）、重整備工場は分散して立地するけれども、本部による情報の集約と管理を基に4S機能は十分に発揮できると言える。では、新車販売拠点と整備工場が離れていることはユーザーにとって不便ではないか。この問題に対して、実際はその正反対であると指摘しなければならない。点検、オイル交換、洗車といったさほど時間を要しない軽整備の場合、サテライト拠点に小規模な軽整備機能を持たせることで対処できる。しかも、ユーザーにとってすぐ近くに軽整備の拠点があるため、遠い郊外に行く必要もなく、時間の節約ができ、かなり便利と言える。事故修理のような重整備の場合でも、サテライト拠点で修理の受付ができ、ユーザーに代車を提供し、郊外の重整備工場で修理した後、ユーザーに近いサテライト拠点で引き渡すことも可能である。このように、4S機能の堅持を基本として、それぞれの機能を効率よく発揮させるための合理的な立地を行えば、4S一体型の立地よりは4S店の経営基盤がさらに強化されることになると言える。

三　サテライト方式の問題点に対する認識も必要

上述のように、サテライト方式は従来の4S店モデルに対する修正としてかなり有効であると考えられるが、しかし、それには多くの問題が潜んでいる可能性が高いことも事実であり、実際の運用において一定の工夫が必要である。まず、サテライト拠点の設置において、4S店側による乱設を防ぐ必要がある。4S店がカバーする商圏の人口規模や所得水準などを綿密に測る必要があり、無謀な出店計画を事前に防がなければならない。それと同時に、4S店が商圏を跨ってサテライト拠点を設置しないよう、メーカー側がしっかりした監視、監督体制を講じなければならない。既に一部の地域では同じブランドを扱う4S店同士が販売台数を競うあまり、相手の商圏を食い荒らすような現象が発生しており、サテライト拠点の設置においても同じような現象が十分に発生し得ると考えられる。

次に、広域商圏を持つ4S店はサテライト拠点を設置していくことにより、その地域における当該ブランドの販売においてかなり大きな力を持つようになり、それとともにメーカーに対する交渉力も強くなり、場合によってメーカーのマーケティング政策を無視するようになる可能性もある。この点について、決してメーカーの優越的地位を擁護するわけではないが、やはりメーカーはマーケティング政策の立案者であり、製品のブランド・イメージをはじめ、ユーザーに対して製品の安全、安心を守る義務を有する最大のステークホルダである。その意味では、4S店はメーカーのマーケティング政策通りにユーザーに製品を提供し、必要なアフター・フォローを提供していかなければならない。大きな交渉力を持ち得た4S店はメーカーと反目するようになり、その結果、メーカーのマーケティング政策を無視するような状況になれば、最も不利益を被るのは他でもなく、ユーザーである。当然、メーカーの方も4S店の利益を損なうような理不尽な要求を一方的に押し付けてはならないことは言うまでもない。

五　おわりに

以上で考察してきたように、4S店モデルは中国の自動車流通に導入された当初においてかなり有効な販売モデルであった。それは、4S機能を中心とした販売理念がメーカーのみならず、販売店とユーザーを含む自動車流通にかかわる各主体にともに大きな利益をもたらしたからである。ホンダが日本や欧米での販売経験を基に、この4S機能一体型の販売モデルを中国に持ち込み、大きな成功を収めた。そして、4S店モデルが成功を収めたもう一つ大きな原因は、当時の中国自動車市場において、日本や欧米の自動車市場に近いような中・高級車種が販売の主流であったため、4S店側にとって新車販売だけで十分な利益を上げることができ、初期投資の回収、黒字経営の達成はかなり早い段階で実現可能であったからである。

しかし、4S店モデルが登場して一〇年あまりの間、中国の自動車市場は激変しており、中間所得者層による購買が増加し、自動車が急速に普及していく中、中・低価格帯の車種が販売の主流へと変わりつつある。さらに、近年、内陸部の地方市場の開拓がますます重要となってきた。その中で、4S店モデルの問題点も露見するようになった。今後、4S店（4S機能一体型店舗）の高コスト体質をいかに克服するか、内陸部の広域商圏においていかに有効な販売体制を構築するかが重要な課題となってくる。筆者として、サテライト方式の導入が検討に値すると考える。4S理念を中核に、同一法人による管理の下で、販売店が持つ既存施設を活用し、4Sのそれぞれの機能を有効に発揮できる場所に各施設を構える機能別立地こそが従来の4S店モデルに対する最も有効な修正であると言える。

トヨタ、ホンダをはじめとする日系メーカーは今、そのグローバル戦略の主眼を新興国に移しつつある。中国のような新興国での展開において、これまでに日本や欧米のような先進国で培ってきた経験が必ずしもすべて有効とは限らない。本章で取り上げた4S店モデルの導入と展開から分かるように、先進国での経験はかなり有効な部分がある一方で、市場環境の変化といった諸側面において新興国は必ずしも先進国と同じ道を辿るとは限らない。したがって、日系メーカーにとって、それぞれの新興国の市場環境の変化を的確に捉えて、先進国での経験をベースに、柔軟に修正を加えながら新たな展開パターンを模索していく必要がある。つまり、これまでに見てきた4S店モデルの場合では、4Sという先進国での自動車販売から得たよい販売理念を基に、中国などの新興国の市場環境に合わせて修正を加えながら展開していくことが、今後日系メーカーのグローバル戦略の策定と実施においてかなり重要となってくるであろう。いずれにせよ、日系メーカーにとって新興国市場の本格的な開拓はまだ始まったばかりであり、試行錯誤の段階も必要である。そこで培った経験はまた他の新興国で活かされる可能性も十分にある。筆者としては、中国をはじめとする新興国における日系メーカーのグローバル展開を引き続き注目していきたい。

［注］

（1）三大：上海大衆（上海汽車とフォルクスワーゲンの合弁）、一汽大衆（第一汽車とフォルクスワーゲンの合弁）、神龍汽車（東風汽車とシトロエンの合弁）。三小：北京ジープ（北京汽車とクライスラーの合弁）、天津汽車（ダイハツによる技術供与）、広州プジョー（広州汽車とプジョーの合弁）。二微：長安鈴木（長安汽車とスズキの合弁）、貴州航天（富士重工による技術供与）。一九九七年プジョーが中国から撤退。ホンダはプジョーの代わりとして広州汽車との合弁生産が認められたのである。

（2）『中国汽車工業年鑑一九九九年版』、二七〇頁参照。

（3）二〇〇三年、北京亜運村汽車交易市場に対するインタビューに基づく。

（4）一九八二年にホンダは中国のオートバイ大手「嘉陵工業」と技術提携を結んだ。一九九〇年代の初め、広州汽車傘下のオートバイ企業と「五羊本田」、天津では「天津本田」を設立した。四輪の部品事業について、一九九四年に東風汽車と合弁で「東風本田零部件有限公司」を設立した。

（5）二〇〇四年、本田技研工業（中国）投資有限公司に対するインタビューに基づく。

（6）峰［二〇〇三］、一二六頁参照。

（7）広州ホンダのウェブサイト（http://www.ghac.cn）及び二〇〇四年九月広州ホンダに対するヒヤリング調査に基づく。

（8）二〇〇八年九月、中国汽車流通協会に対するインタビューに基づく。

（9）中国汽車工業協会二〇一〇年一月リリース資料に基づく。

（10）広州ホンダ二〇一〇年一月リリース資料に基づく。

（11）二〇一〇年三月八日、東京で開催された中国自動車市場フォーラムにおける中国汽車工業協会副事務局長、熊伝林氏の講演資料に基づく。

（12）中国国家統計局のウェブサイト（http://www.stats.gov.cn/）に公表された統計資料に基づく。

（13）新華社ネットジャパン『中国産業動向季報』二〇〇七年一月号参照。

（14）『中国汽車市場年鑑二〇〇九年版』、八〇～八一頁参照。

（15）二〇〇八年九月、中国汽車流通協会に対するインタビューに基づく。

(16) 二〇〇九年八月、北京にある日系主要自動車メーカーの中国事務所に対するインタビューに基づく。

〔参考文献〕

岩原拓〔一九九五〕『中国自動車産業入門』東洋経済新報社。

上山邦雄編〔二〇〇九〕『調整期突入！巨大化する中国自動車産業』日刊自動車新聞社。

河村能夫編〔二〇〇二〕『中国経済改革と自動車産業』昭和堂。

黄リン編著〔二〇〇二〕『WTO加盟後の中国市場』蒼蒼社。

塩地洋〔二〇〇二〕『自動車流通の国際比較』有斐閣。

――、孫飛舟、西川純平〔二〇〇七〕『転換期の中国自動車流通』蒼蒼社。

塩見治人編〔二〇〇一〕『移行期の中国自動車産業』日本経済評論社。

孫飛舟〔二〇〇三〕『自動車ディーラー・システムの国際比較』晃洋書房。

――〔二〇〇四〕「中国自動車流通チャネルの類型及びその展開――国内産乗用車の新車販売チャネルを中心に」『大阪商業大学論集』第一三二号。

――〔二〇〇六〕「自動車流通における『売買の社会性』について――中国の自動車交易市場から得られる示唆は何か」『商大論集』第五七巻第四号、兵庫県立大学。

田島俊雄〔一九九八〕「移行経済期の自動車販売流通システム」『中国研究月報』第五二巻第六号。

原田忠夫編〔一九九五〕『中国における生産財流通――商品と機構』アジア経済研究所。

松江宏〔二〇〇五〕『現代中国の流通』同文館出版。

丸川知雄／高山勇一編〔二〇〇五〕『新版グローバル競争時代の中国自動車産業』蒼蒼社。

峰如之介〔二〇〇三〕『中国にホンダを立ち上げた男たち』ＰＨＰ研究所。

劉芳〔一九九九〕「転換期における中国の自動車流通システム――流通経路の全体構造」『経済論叢』第一六四巻第三号、京都大学経済学会。

――〔二〇〇〇〕「上海汽車による流通経路改革の模索――転換期における中国自動車流通システム」『経済論叢』第一六五巻第五・六号、京都大学経済学会。

――〔二〇〇二〕「中国におけるディーラーシステムの出現――広州本田の流通チャネル構造」『経済論叢』第一六九巻第三号、京都大学経済学会。

中国汽車貿易指南編委会〔一九九二〕『中国汽車貿易指南』経済日報出版社。

中国汽車工業史編審委員会〔一九九六〕『中国汽車工業史』人民交通出版社。

賈永軒〔二〇〇六〕『汽車企業競争地図』機械工業出版社。

中国汽車技術研究中心『中国汽車工業年鑑』各年版、中国汽車工業年鑑編輯部。

中国国内貿易部編『中国汽車貿易年鑑』各年版、中国商業出版社。

中国汽車市場年鑑編輯部編『中国汽車市場年鑑』各年版、中国商業出版社。

国家汽車工業重要政策与法規編委会編『国家汽車工業重要政策与法規』各年版、国家機械工業局。

第六章　中国の輸出加工型企業の経営問題に関する一考察
――合俊集団の事例を通じて――

林　嵩

一　はじめに

一九八〇年代以降、西側先進諸国による産業の構造転換の推進に伴い、労働集約型産業はアジア太平洋地域へと移転されるようになった。その中で、中国の東沿海地方の中小企業は労働力資源の優位性を発揮し、労働集約型の輸出加工貿易を通じて大きく発展してきた。しかし、二〇〇八年下半期から、国際金融危機の影響を受け、それら企業の多くは輸出減少、業績悪化、場合によっては倒産という事態に見舞われるようになった。香港合俊集団はその良い例である。二〇〇八年一〇月、玩具製造大手の香港合俊集団は香港高等裁判所に破産申請をし、事実上倒産した。中国国内では、合俊集団の経営破綻は輸出加工型産業が金融危機に対していかに脆弱かという議論が非常に多いが、本稿では、それらと異なる視点に立ち、よりマクロ的な分析を通じて輸出加工型産業が直面する諸問題に対する検討を行い、またその解決策についても一定の示唆を行いたい。

二　合俊集団破綻の背景——中国輸出加工型産業の発展過程と現状

合俊集団は中国における輸出加工型企業の代表例である。このような企業は、中国の対外貿易産業に属し、しかも、対外貿易産業の主要な構成部分である。資料の制限により、ここで中国における対外貿易産業の歴史及び現状に対する考察を通じて、間接的に合俊集団を代表とする輸出加工型企業の発展の軌跡を辿ることにする。

中国の対外貿易産業の成立は一九五〇年代の社会主義中国の建国後間もない時期に遡ることができる。経済発展と工業化という目標の達成、資本主義陣営による経済封鎖などにより、当時の中国政府が制定した対外貿易の指導思想は、国内で製造可能かつ生産量、品質が国内の需要を賄える製品は絶対に輸入しないこと、国内で製造可能だが、輸入もしばらく続ける必要のある製品は徐々に輸入を減らしていくこと、限られた外貨は最も必要な部分、つまり重工業の発展に必要な技術設備の導入のために使うことなどであった。このような考え方の下、中国国内では比較的に完備した工業体系と国民経済体系をいち早く構築することができた。しかし、価格メカニズムの不備や慢性的な供給不足などの原因によって、中国の多くの産業には国際競争力が備わっていなかった。

一九八〇年代、改革・開放政策の実施に伴い、中国の伝統的な対外貿易体制も改革の時期を迎え、政府は外貨留保と外貨調整制度、輸出税還付制度、輸出貸付と輸出補助金制度などの貿易政策を相次いで実施した。それと同時に、東沿海地方における対外開放政策の実施はこれらの地方における対外輸出の大幅な増加をもたらした。これらの一連の政策の実施は中国の対外貿易の活性化に一定の効果をもたらしたものの、高い関税障壁と各種の非関税障壁の存在によって、中国の対外貿易は全体として依然に発展のスピードが遅いままであった。

図表6-1　中国対外貿易の推移

（単位：億米ドル）

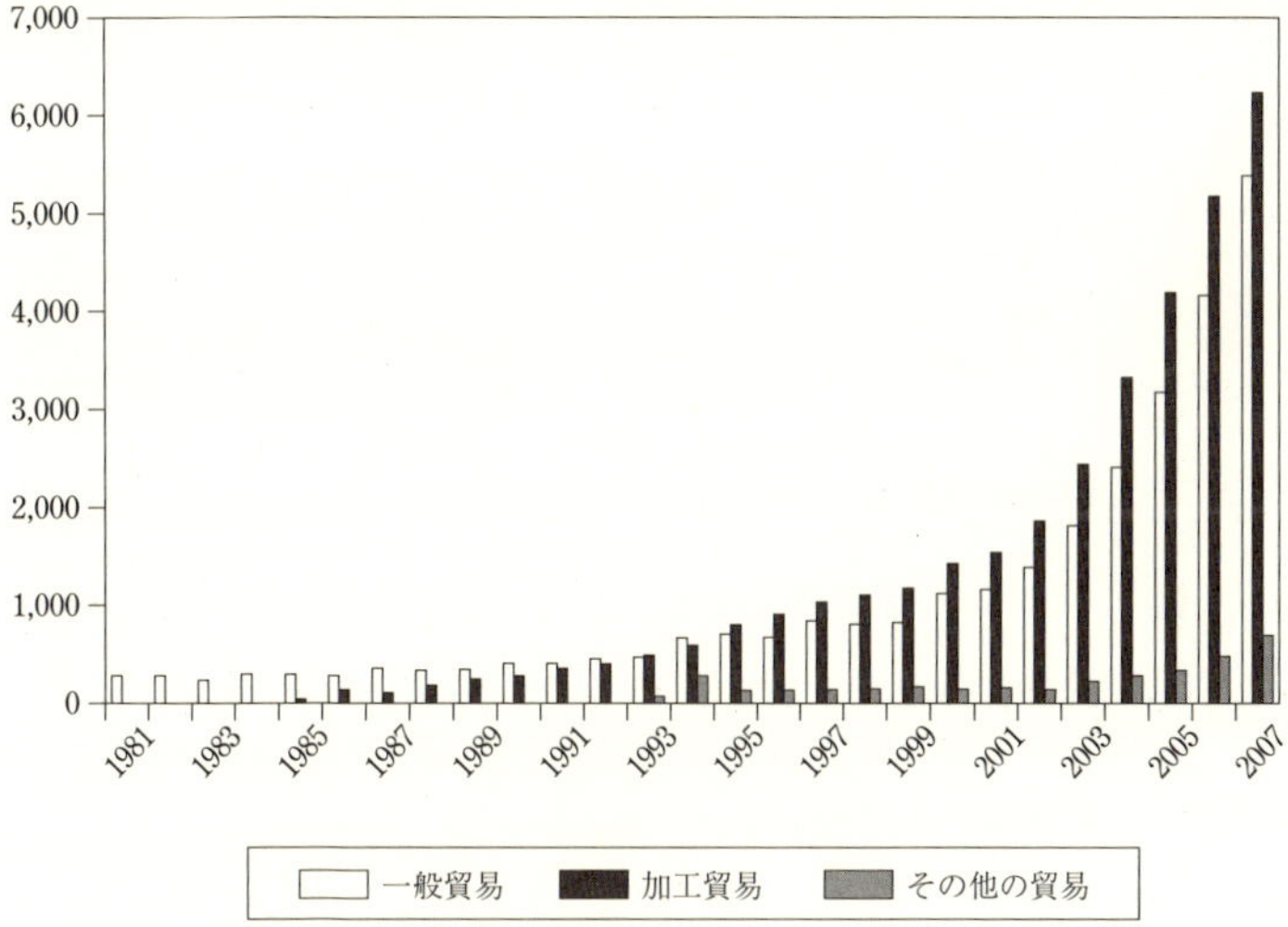

出所：『中国統計年鑑』2008年版より作成。

一九九二年、社会主義市場経済体制が確立され、中国の対外貿易は本格的な改革の段階を迎えた。また、対外貿易の発展戦略も国内外の環境変化とともに大きく変わり始めた。ＷＴＯ加盟に向けて、中国政府は関税削減、輸入調節税の廃止、輸入ライセンスの削減、輸入代替リストの廃止、輸入計画と輸入割当の削減などの輸入貿易自由化措置を採り入れた。それと同時に、大規模な輸出奨励政策、例えば、中国輸出入銀行の設立、人民元レートの引き下げ、輸出税還付なども実施した。この時期から、中国の対外輸出は大幅に増加し、「中国製造（Made in China）」が世界に知られるようになった。

二〇〇一年以降、中国はＷＴＯ加盟を果たし、加盟合意文書の遵守を約束した。それによって、中国は大幅な市場開放を行い、対外貿易に対する改革も本格化し始めた。中国の対外貿易の発展戦略は貿易自由化の方向へと進み始めた。図表６-１は中国歴年の対外貿易の推移を表している。そこから分かるように、各種貿易形態の中で加工貿易は既に中国の対外貿易の増加をもたらす主要

図表6-2　中国輸出製品構成の推移

（単位：億米ドル）

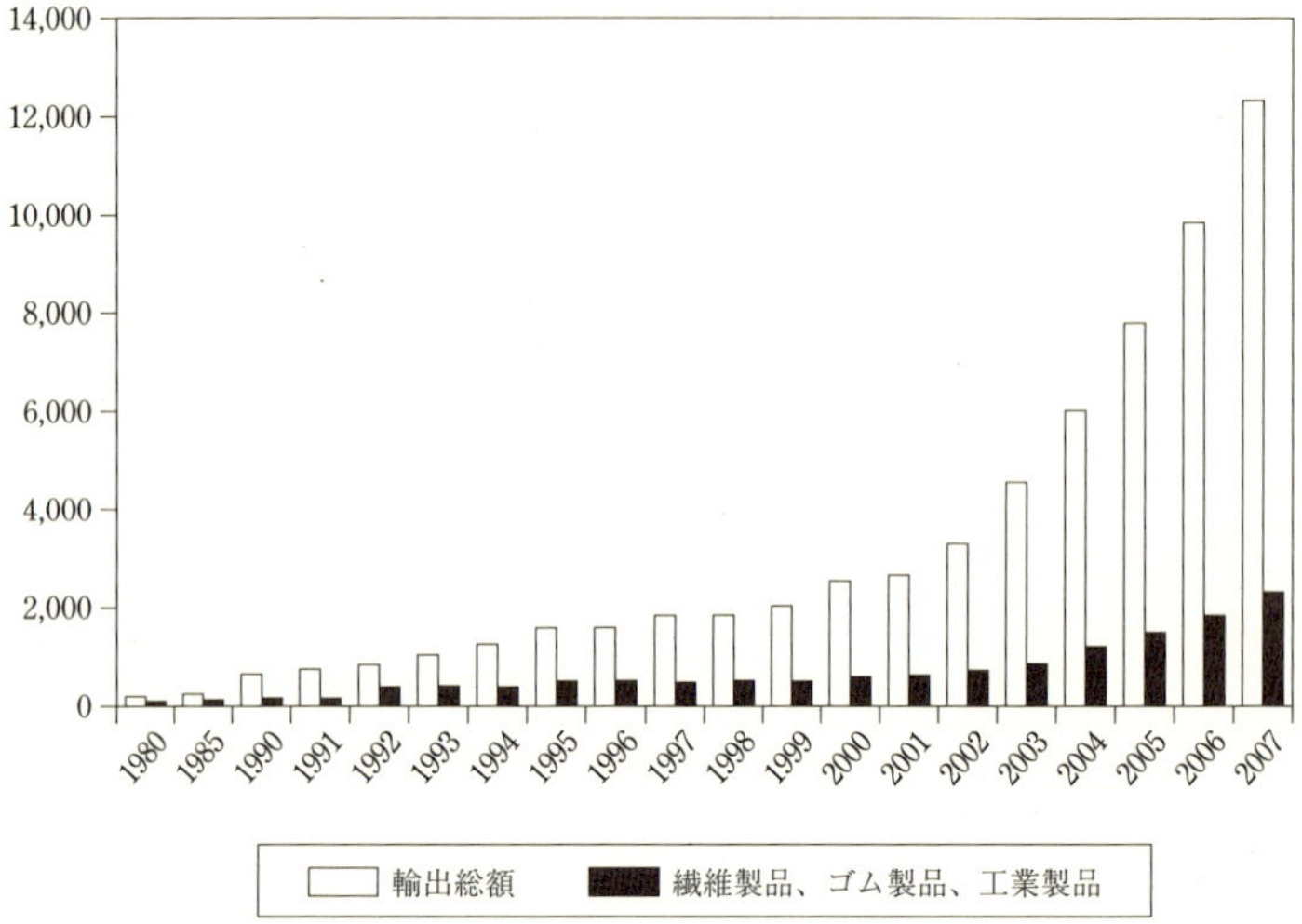

出所：『中国統計年鑑』2008年版より作成。

な要素となっている。加工貿易は、産業構造の転換、就業機会の創出の面でプラスの効果をもたらしたと同時に、中国の対外貿易に様々な問題も引き起こした。中国はグローバル・サプライ・チェーンの中で最も付加価値の低い製造・組立段階に組み込まれており、そこから抜け出せずにいた。さらに、このような低付加価値的な部分は労働コストにおける優位性の変化、喪失に伴って簡単に移転されてしまうのである。

一九九〇年代以降、中国の輸出先は主にアメリカ、香港、ＥＵと日本の四つの国と地域に集中している。中国から香港への輸出は事実上アメリカへの中継貿易が多いため、最終的に、アメリカ、ＥＵと日本が中国による輸出の三大市場となっているのである。このような輸出先の集中は結局、中米、中欧と中日間の貿易摩擦がますます激化する結果を招いた。例えば、ＥＵとアメリカは中国製品に対するダンピング調査、中日間の農産物貿易摩擦、中欧間の繊維製品貿易摩擦、靴製品貿易摩擦、中米間の繊維製品貿易摩擦、知的財産貿易摩擦などが頻発し

図表6-3　2008年月別対外輸出

（単位：億米ドル）

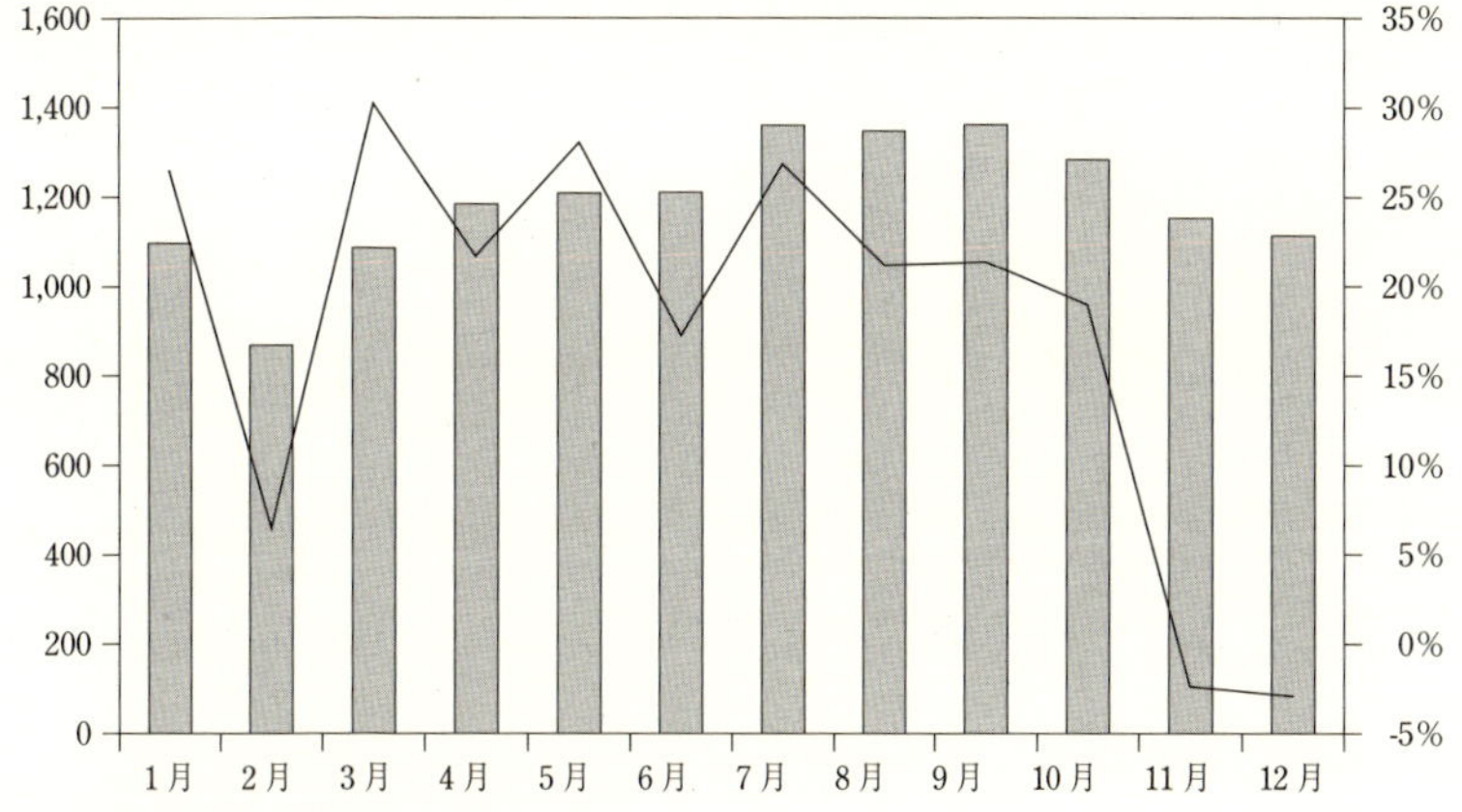

出所：中国国家税関統計より作成。

ている。

中国による対外輸出の製品構成から見ると、伝統産業や低付加価値製品は依然として主要な部分を占めている。確かに一九九五年以降、機械電子製品が中国の最も主要な輸出製品となっており、また、グローバル化の中で中国が世界の製造業の主要な移転先となっているけれども、繊維製品などの低付加価値製品は依然として中国輸出製品の中で大きなウェートを占めている（図表6-2参照）。輸出製品の多くは労働集約型の製品であり、そして、輸出製品の付加価値が低いため、中国による輸出の比較的優位性は依然として労働コストの優位に集中しており、技術面の優位性や自主ブランドの開発などの面においては弱いままである。

また、一九九〇年代半ば以降、中国の対外輸出の増加とともに、様々な潜在リスクや問題も発生するようになった。例えば、エネルギーや資源に対する依存度が上昇し、輸入量が急激に増加したことや欧米市場に対する依存度も高く、貿易摩擦が激化するなどの問題が深刻化した。さらに、対外輸出の増加によって中国企業はグローバル化の波に乗ることができた反面、独自の技術開発や自主ブランドの構築などを疎かにし、国内産業のレベルアップが立ち遅れ、グローバル市場においては依然として競争力が低いままである。

二〇〇八年以降、中国の対外輸出額は依然上昇し続けているものの、新たな変化も生じている。世界金融危機の影響を受け、一一月の中国対外貿易は急速に悪化し、二〇〇一年一〇月以降初めてのマイナス成長を記録した。同月の輸出額は一、一四九・九億米ドルで、成長率を見ると、前月（一〇月）のプラス一九・一%からマイナス二・二%へと急減した。一二月には減少の勢いはさらに加速し、輸出額は一、一一一・六億米ドルで、成長率はマイナス二・八%となっている（図表6-3参照）。

三　合俊集団の破綻に関する分析

一　同社の沿革と業務内容

香港合俊控股集団（香港合俊ホールディング・グループ、以下は合俊集団）は一九九五年六月に設立されたのである。創業当時は「合俊実業公司（以下は合俊実業）」という名称で、創業者の胡錦斌氏と黄孫興氏が折半出資したものである。胡氏は同社の創業以前、玩具業界で一〇数年にわたる下積みの経験を持っている。一九九五年、アメリカの友人から「一、五〇〇万個（一、七〇〇万香港ドル相当）のギフト商品の注文を受けてみないか」と誘われ、このことは胡氏が広東省東莞市に創業を決意したきっかけとなったのである。一九九六年から合俊実業はＯＥＭによるプラスチック玩具の生産を手掛け、それ以降、徐々に玩具業界における地位を築いてきた。創業当時、合俊実業はまだ独自の生産工場を持っておらず、海外からの注文を受けてから下請け工場に生産の委託を出すだけであった。

図表6-4　合俊集団製品の主要輸出先

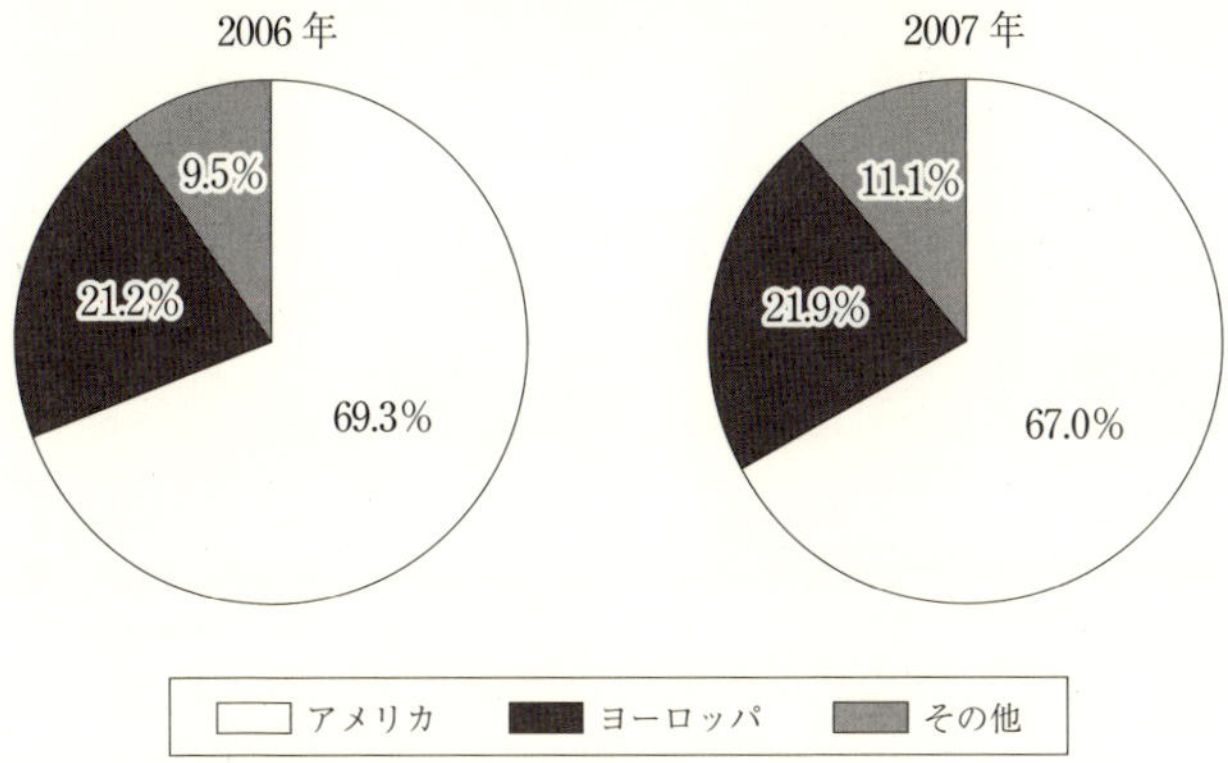

出所：合俊集団のアニュアル・レポートに基づいて作成。

海外からの注文が着実に増加していった中、合俊実業は下請け工場に対する依存度を減らしていこうと、一九九六年一一月に東莞市に最初の自社工場（樟洋工場）を立ち上げ、絨毛玩具とプラスチック玩具を中心に生産を手掛けるようになった。一九九七年一〇月に合俊実業はマテル・アジアパシフィック・ソーシング社（Mattel Asia Pacific Sourcing Limited）と手を組み、玩具部品の製造に参入し、OEM生産の基盤を強化した。その後、マテル・アジアパシフィック・ソーシング社に対して玩具の完成品も提供するようになり、また、スピン・マスター・トイズ・ファーイースト社（Spin Master Toys Far East Limited）やマンレー・トイズ社（Manley Toys Ltd.）などからも注文を受けるようになった。

二〇〇四年から、OEM市場で多くの実績を積んできた合俊実業は成人向け玩具市場に参入し、USB経由でパソコンに接続する玩具猫などの小物玩具も開発した。二〇〇六年三月、同社はケイマン諸島に会社登録をし、同年九月に香港株式市場に上場した。この時期に合俊集団は、開発設計から生産、投資などの子会社を持ち、玩具の設計、成型、加工、組立と包装を含めた一連の生産工程をすべて自前できるようになった。また、二〇〇五年から合俊集団は毎年五〇〇万人民元を投入し、設計及び自社ブランドの構築も手掛け始めた。隆盛期の同社は広東省の東莞市と清遠市に四つの生産工場を持ち、工場の敷地面積は一〇万平米に達し、従業員も一万人前後に達した。

業務内容と発展の軌跡から見れば、合俊集団は輸出加工型製造企業の典型例である。玩具製造だけでなく、その他の輸出加工型産業における中小企業の創業と発展は合俊集団と同じような発展パターンを持っており、その業務のほとんどはOEMに頼っている。経営破綻に至るまで、合俊集団は広東省の玩具製造業界においてトップ一〇に入るほどの実力を持ち、かなりの影響力を持っていた。世界金融危機の影響を受けて、中国の輸出加工型製造企業の中で合俊集団は倒産した最初の企業として、国内の多くのメディアの注目を集めた。

合俊集団がOEMで製造した玩具やレジャー製品は主にアメリカ市場とヨーロッパ市場に輸出されている（図表6-4参照）。

二　破綻に関する分析

二〇〇八年一〇月一五日、合俊集団は突然、同社株式の売買を停止すると発表し、そして、翌日に香港特別行政区高等裁判所に既に破産の申立てを行ったとの声明を出した。合俊集団の申立てを受け、裁判所は直ちに破産管財人を選任し、同社の接収及び関連資産の凍結を宣告した。

合俊集団の突然の破産宣告は多くの関係者を困惑させてしまう結果を招いた。一時にデマが広まり、様々な社会問題も引き起こした。合俊集団傘下の各工場では、管理層が相次いで会社を離れ、現場の労働者の間で様々な憶測が飛び交い、給料が支払われないのではないかと、一部の労働者によるストライキまで発展したのである。現地の地方政府は工場の正門に三日以内に賃金の未払いを解決するとの公告を出したにもかかわらず、駆け付けた労働者の不安を

図表6-5　合俊集団の負債状況

（単位：千香港ドル）

年	2003	2004	2005	2006	2007	2008中間値
固定資産	16,703	17,994	36,456	53,923	88,576	355,505
流動資産	149,684	242,437	264,771	429,341	711,977	480,385
固定負債	1,345	4,334	6,013	2,749	1,305	2,155
流動負債	109,726	186,942	202,140	313,504	481,088	530,154
資産負債比率	67％	73％	69％	65％	60％	64％

出所：合俊集団のアニュアル・レポートと中間決算資料に基づいて作成。

拭えることができず、結局、大量の警察を工場の正門に配置して人の壁を作り、労働者による過激な行動の沈静化を図ったのである。また、マスコミ各社も合俊集団破産のニュースを「金融危機による初の大型倒産」と大々的に取り上げ、合俊集団の名は瞬く間に中国全土に伝わった。

①財務状況の悪化

合俊集団の破綻は偶然の出来事ではない。確かにその直接のきっかけは世界金融危機の勃発であるが、しかし、合俊集団の発展過程から見れば、既に数年前から今回の倒産に直結するような不安要素があったのである。ここでは、合俊集団のアニュアル・レポートと中間決算資料に基づいて、その経営状況を見ることにする。

図表6-5の示すように、合俊集団の資産規模は年々増加しているものの、同時に負債の規模も急速に膨らんでいった。その資産負債比率は終始六〇％以上であった。一般的に、企業にとっては資産負債比率が五〇％に達したら経営に赤信号が灯ると言われている。当然、企業の営利水準が高く、つまり、投資収益率が借入金利より高い場合、借入利息を返済した後も企業にはまだ一定の余剰金が残るため、経営に特に支障がないと考えられる。しかし、企業自身の営利水準に問題がある場合、高い資産負債比率のままでは経営そのものに大きな負担を与え、破産してしまう危険性がかなり高まる。

図表6-6　合俊集団の財務指標

（単位：千香港ドル）

年	2003	2004	2005	2006	2007	2008中間値
売上高	479,481	550,696	709,566	727,225	953,623	386,809
粗利	80,148	79,418	106,122	122,273	113,889	-139,127
税引前利益	31,890	22,114	42,042	35,768	8,577	-200,988

出所：図表6-5と同じ。

続いて、合俊集団が上場してからの業績状況を見ることにする（図表6-6参照）。財務指標の推移から見れば、合俊集団の売上高は毎年増加し、二〇〇三年から二〇〇七年までの間に二倍となった。しかし、粗利と税引前利益はかなり低く、その増加の勢いは売上高の増加より遥かに低い。税引前利益は二〇〇五年以降、粗利は二〇〇六年以降それぞれ減少に転じている。なぜこのような現象が発生したかというと、その原因は合俊集団の経営コストの高さにある。

図表6-7の示すように、合俊集団の各種経営コストの中で、「原材料コスト」と「従業員福祉支出」の二項目は最も大きな割合を占めている。近年、原材料価格の上昇が合俊集団の経営を大きく圧迫している。プラスチックの価格変動を例に見ると、石油製品であるプラスチックの価格は世界原油価格の変動による影響を受け、近年上昇の一途を辿っている。例えば、中国の税関統計によると、二〇〇五年、広東省のプラスチック原料の平均輸入価格は一、一九三米ドル／トンで、対前年比一五四・九米ドル上昇し、上昇率は一四・九％であった。その後も原料価格は上昇し続けた。原材料コストの上昇は合俊集団のような川下に位置する加工業者の経営を大きく圧迫した。合俊集団の原材料コストのうち、プラスチック原料の割合は五〇～六〇％に達している。プラスチック以外に、二〇〇五年以降、金属、電子、包装などの原材料コストもそれぞれ上昇したのである。

合俊集団の人件費も外部環境の変化による影響を大きく受けている。実際に二〇〇三年頃から中国の一部では既に「農民工」不足の現象が発生している。「農民工」を中心とした労働

図表6-7　合俊集団の販売コストと管理コスト

（単位：千香港ドル）

年	2005	2006	2007
監査報酬	521	1,080	1,500
建物、設備償却	6,190	7,158	8,784
無形資産償却		254	567
無形資産減値（注）			350
土地使用権償却		77	69
原材料コスト	445,264	449,104	597,359
完成品及び製造中製品の在庫変動	5,438	48,272	81,431
従業員福祉支出	28,860	140,267	232,642
土地と建物の賃貸費用	8,043	8,576	11,024
為替両替損失	2,653	5,577	5,511
売掛金減値（注）	658	147	335
在庫減値（注）	3,267	756	3,781
その他	176,998	119,201	155,947

出所：図表6-5と同じ。
注）「○○減値」：企業資産の帳簿上の金額が実際に回収可能な金額を上回る可能性がある場合、企業はその金額の減少分に対して評価し、金額を帳簿に記入しなければならない。

力の不足は多くの企業に労働者給与の引き上げ、労働コストの上昇を招いたのである。さらに、政府は労働者権益を保護するために、賃金未払いの取り締まり強化などの一連の政策を相次いで打ち出してきた。このことも企業の労働コストの上昇をもたらしたのである。二〇〇七年に新たな『労働契約法』が公布され、製造業における労働コストの上昇は一つの趨勢となったのである。中国人的資源・社会保障部と国家統計局の試算によると、『労働契約法』の実施によって製造業全体に二五～三〇％の労働コストの上昇をもたらすとされている。製造業に身を置く合俊集団にとって、このような一連の動きは必然的に自社労働コストの上昇に拍車をかけるに違いない。

合俊集団の各種コストの中でもう一つ注目しなければならないのは為替両替損失である。これは人民元と外貨の為替レートの変動によって発生するコストである。二〇〇五年七月二一日に中国人民銀行が人民元対米ドルの為替レートを二％上昇させると発表して以来、人民元の為替レート（対米ドルを中心に）は緩やかに上昇してきた。このことは輸出加工型の中小企業に大きな打撃を与えた。これらの中小企業のほとんどは、国際競争における最大の強みは価格の安さに他ならない。価格面の優位性を維持するために、これらの中小企業は利幅を縮減するしかない。元々、五～八％しかなかった利益（粗利）水準は人民元高の影響を受けてさらなる低下を余儀なくされたのである。合俊集団傘下の工場は決済の際に、人民元、米ドルと香港ドルの三通貨による為替両替を行う必要がある。しかし、アメリカのバイヤーとの契約の中で、契約有効期間中における製品見積価格の変更が許されておらず、為替変動によるリスクはすべて合俊集団側が負わなければならないと決めている。その結果、二〇〇六年以降、人民元高によってもたらされた為替両替損失は合俊集団の利益を五％ほど下げてしまい、利益空間の縮小は合俊集団の経営をさらに圧迫することとなった。

さらに、二〇〇七年に中国の玩具業界にとってさらなる困難に直面する出来事があった。それは中国製玩具の塗料の鉛含有量が基準値を超え、アメリカをはじめとする主要な輸出市場における大量リコールの発生である。合俊集団も大量リコールによる悪影響から逃れることができなかった。問題発生以降、中国政府や海外の税関当局が中国製玩具に対する品質チェック体制を強化し、玩具製造企業にとって、生産段階における検査工程の強化、輸出する際の検査手続きの複雑化、テスト費用の増加など、製品コストが急激に膨らんでいった。

二〇〇八年に入ってからも合俊集団のコスト上昇に止まる気配が見られなかった。原油価格、プラスチック価格は上昇の一途を辿り、川下に位置する加工企業のコストをさらに高めることとなった。合俊集団の二〇〇八年中間報告によれば、年初からプラスチック原料コストは二〇％上昇し、そして、同年四月より広東省東莞市の労働者最低賃金が月額七七〇元に引き上げられた後、同社従業員の賃金水準も一二％上昇した。さらに、同時期に人民元の為替レートは約七％上昇するなど、経営コストが増加する一方である。その中で、合俊集団の粗利はマイナスとなったのである。このような経営状況、また前述の部分で触れた同社の負債状況を総合して見ると、合俊集団にはもはや起死回生の方法が残されていなかったのである。

②紆余曲折な戦略調整

株式上場以来、合俊集団は上述のような様々な経営コストの上昇を打破するために幾度の戦略調整を行ってきた。まず、経営規模と事業領域の拡大において同社は様々な新たな試みを行った。合俊集団の二〇〇七年のアニュアル・レポートによれば、〇六年後半、同社は広東省の清遠市に主力第二工場を完成させ、敷地面積一五四、二八〇平米、従業員一、五〇〇人の規模を持つものであった。同工場は〇六年第4四半期より生産を開始し、生産能力が従来に比べて三割アップした。合俊集団は同工場を中国最大の玩具製造基地にしようと目論んだ。

さらに、合俊集団は従来のOEM生産のみならず、ODM（相手先ブランドによる設計及び製造）、OBM（自社ブランドによる製造）にも積極的に乗り出す戦略を打ち出した。同社は「ドリーム・チーキ（Dream Cheeky）」という自社ブランドを立ち上げ、ギフト製品、USB製品、スポーツ製品などの領域に参入し、自社開発を手掛け始めた。合俊集団の二〇〇七年中間報告によると、同社のODMとOBM業務は順調に進み、「ドリーム・チーキ」ブランドのUSB製品の一～六月売上高は二、〇九〇万香港ドルに達し、税引後利益は一三〇万香港ドルに達している。ちなみに、二〇〇六年に同製品は六〇万香港ドルの赤字であった。二〇〇七年の後半から合俊集団は新たな自社ブランドを立ち上げたが、しかし、同時期から合俊集団の経営が前述のコスト高などの原因によって徐々に悪化し、同社のODM、OBM事業も次第にその影響を受け、悪化していった。

二〇〇八年、合俊集団の経営がかなり逼迫していた中で、同社は突然「ゴールド・ブッシュ（Goldbush）社」を買収す

図表6-8　中国鉱業公司の財務状況

（単位：千人民元）

年	2004	2005	2006	2007
資産総額	414	880	2,552	2,635
負債総額	30	772	797	1,808
権益（自己資本）額	384	108	1,755	827
経営損失額	30	276	2,296	898

出所：中国鉱業公司のアニュアル・レポートに基づいて作成。

ると発表した。ゴールド・ブッシュ社は二〇〇八年一月にイギリス領バージン諸島に登録した会社である。買収を通じて、合俊集団は同社の持つ「双方向工作台（Interactive Workbench）」及び「クールな音の台所（Cool Sounds Kitchen）」という双方向型電子玩具[1]の金型と製造設備を入手し、ハイエンド製品領域に進出しようとした。さらに、生産工程だけでなく、買収を通じてゴールド・ブッシュ社の販売チャンネルまでも手に入れようと、合俊集団は狙っていた。つまり、合俊集団はハイエンド製品の生産と販売を一気に手に入れることによって、利益率の低いローエンド製品の下請け製造から抜け出そうと模索していたのである。しかし、二〇〇八年後半の世界金融危機による合俊集団の急速な経営悪化に伴い、この買収計画も頓挫してしまったのである。

玩具事業領域における規模拡大を模索する以外、合俊集団は他の事業領域への進出も試みていた。二〇〇七年後半、中国玩具業界が大量リコールに見舞われていた最中、合俊集団は「中国鉱業公司（China Mining Corporation）」の二〇～四九％の株式を取得する覚書に署名した。中国鉱業公司は「天成鉱業公司」の九五％の株式を所有していた。天成鉱業公司は貴金属などの鉱物資源の採掘を手掛けており、福建省の大安銀鉱の採掘権を持っていた。合俊集団の今回の買収金額は一・三三億～四・一九億香港ドルとされている。買収の背景には、資源高を背景に自然鉱物資源に対する世界中の需要が高まるに違いないという合俊集団の読みがあった。二〇〇七年一〇月、合俊集団は三・〇九億香港ドルの追加出資で福建大安銀鉱の採掘権を正式に買収し、さらに中国鉱業公司の株式を四八・九六％まで買い増しすると発表した。しかし、この一連の買収の中で、福建大安銀鉱の採掘許可は未だに政府から下りておらず、いつ許可が下りるかも分からない状況にある。合俊集団が採掘権の買収に投資した三・〇九億香港ドルは水の泡と消える可能性が高い。しかも、買収した中国鉱業公司の財務状況はかなり悪く、毎年多くの経営損失が計上されている（図表6-8参照）。

合俊集団による今回の買収は明らかに失敗している。結局、この無謀な多角化や投機活動は本来既に逼迫していた合俊集団のキャッシュ・フローをさらに圧迫する結果となった。

③悪運続きの二〇〇八年

実際に二〇〇八年に入ってからも合俊集団の販売は増加し続けていた。二〇〇八年の中間報告によれば、一～六月の売上高は三・八七億香港ドルに達し、前年同期比プラス二・九％であった。合俊集団の従業員も、二〇〇八年の生産状況は特に異状がなく、生産ラインの稼働率が比較的に高く、倒産の前日でさえ夜一〇時まで残業をしたと証言している。それにもかかわらず、コスト上昇等の原因で大きな損失が発生したのである。

同じ時期、銀行からの借入の面でも合俊集団は大きな問題を抱えていた。合俊集団の借入はすべて香港の銀行に頼っている。二〇〇七年のアニュアル・レポートによれば、期限一年以内の銀行借入残高は二・三九億香港ドルであった。そして、半年後の二〇〇八年中間報告では、期限一年以内の銀行借入残高は二・三四億香港ドルで、つまり、二〇〇八年の上半期、合俊集団は銀行から新たな借入が受けられなかったのである。

経営圧力が日増しに高まっていった中、合俊集団はまた様々な不運に見舞われたのである。二〇〇八年六月、傘下の樟木頭工場が水害に遭い、設備や原材料などが水に浸かり、大きな被害を受けた以外に、復旧作業が難航し、生産再開まで一ヵ月を要した。合俊集団の中間報告によれば、水害による損失は六、七五〇万香港ドルに達したのである。

キャッシュ・フローが逼迫する中、合俊集団の内部管理の面においても混乱が生じ始めた。特に傘下の加工工場では内部管理がかなり混乱した状況にあった。現金を得るため、高価の原材料、例えば、数十万元もする包装紙や溶接棒などを不用品として安くリサイクル業者に売却したりするようなことが多発していた。さらに、下請け業者に対する品質チェックも極めて疎かになってしまったのである。本来、下請け業者に対して、合俊集団は一名の品質検査係を常駐させて品質のチェックを常時行っていたが、しかし、内部管理が緩むにつれ、これらの品質検査係が下請け業者から賄賂を受け取るようになり、品質のチェックを疎かにするようになった。結局、品質がどんどん落ち、取引先からの返品が増え、納期が守れなくなることも頻発し、合俊集団の生産コストをさらに上昇させることとなったのである。

二〇〇八年六月から、一部の原材料サプライヤーに対する合俊集団からの買掛金の支払いが滞り始めた。九月になると、これらのサプライヤーが頻繁に合俊集団に押し掛けて取立てをするようになった。サプライヤーとの関係悪化は合俊集団の原材料供給体制に大きな歪みを引き起こしたのである。一部のサプライヤーは合俊集団への原材料納入を停止した。さらに一部のサプライヤーは原材料の納入を続けたものの、現金による前払いという厳しい条件を突き付けたのである。しかし、その時の合俊集団には支払える現金がほとんど残っていなかった。

銀行からの借入が受けられない中、なんとかして現金を手に入れるために、合俊集団は持っている資産の切売りに出た。二〇〇八年八月、合俊集団は傘下の一部不動産を二、七〇〇万元で売却すると発表した。この不動産は、広東省清遠市佛岡県湯塘鎮九江坳村にある工場の敷地と建物である。敷地面積は約一〇万平米、建物の総面積は五一、七一五平米である。

図表6-9　合俊集団の株価推移

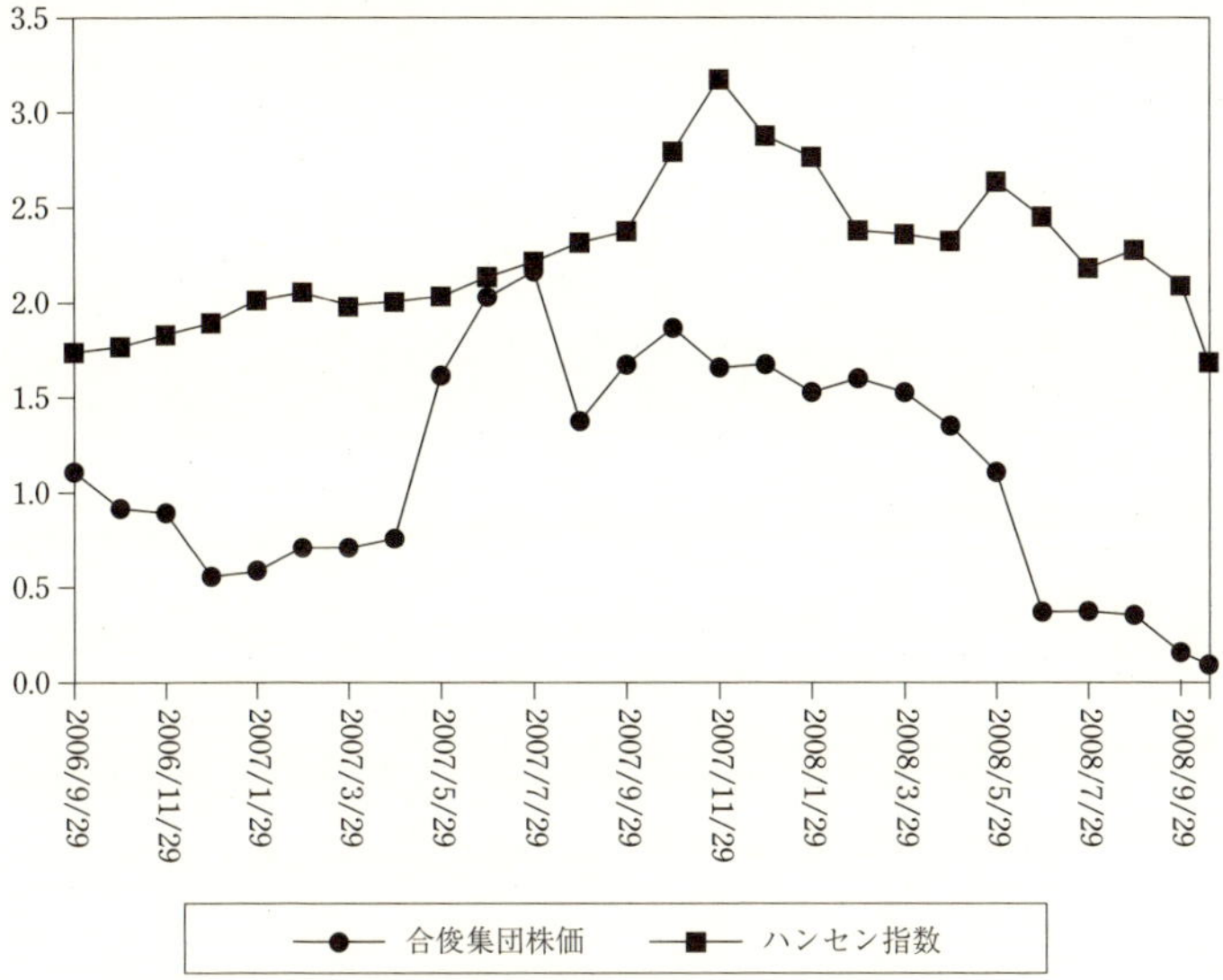

出所：香港証券取引所の株価情報に基づいて作成。

二〇〇八年九月下旬、四面楚歌の合俊集団は状況を挽回する力が遂に尽きてしまったのである。キャッシュ・フローが途絶え、原材料の仕入れができなくなった。バイヤーも合俊集団への注文を取り消し、一部のバイヤーは合俊集団に貸した金型までも回収した。結局、川上と川下の両方から見放された合俊集団は破産を宣告したのである。

株式上場以来、株式市場は合俊集団に対してどのような態度を取ってきたのか。図表6-9は合俊集団が上場した以降の株価推移（月別）を示している。比較しやすくするために、ここで同時期の香港株式市場のハンセン指数を一万倍縮小して、合俊集団の株価と比較して見ることにする。この比較を通じて分かるように、上場して以来、合俊集団の株価は一貫して低い水準にある。特に二〇〇八年以降、合俊集団の株価は下落の一途を辿った。輸出加工型企業である同社に対する株式市場の態度がよく反映されたと言えよう。

三　合俊の敗因分析

合俊集団を巡る諸問題は、実際に長い間中国の輸出加工型企業が直面してきた根本的な問題である。世界金融危機の前から既に多くの学者が、低コストだけではいずれ中国の輸出加工型企業は困窮の状況に陥ってしまうと警告した。一九九〇年代、労働集約型産業が世界中から中国に移転し、低コストを武器に「Made in China」の製品が世界中に輸出され、世界における中国製品のシェアは増大した。しかし、量的な拡大は決して中国の製造業に大きな利益をもたらしたわけではない。一産業のサプライチェーンの利益水準を一〇〇だと例えると、川上の研究開発及び川下の流通段階はその内の九〇を享受しているのに対して、輸出加工を行う中国企業はその内の一〇しか獲得していない。二〇〇五年、当時中国商務部の薄熙来部長は、中国が八億枚のシャツを輸出してはじめてエアバス社製のジャンボ機を一機購入できると指摘した。

事実上、低コストに頼りすぎるということは単に中国の輸出加工型産業が危機に陥った表層的な要因にすぎない。それは、中国企業が自ら選んだ戦略というよりは、選ばざるをえない手段と言った方が正しいであろう。コア技術を持たない、しかも独自の研究開発とブランド構築に弱い中国の製造業は、サプライチェーン全体の中の低付加価値の部分しか行えない。郎咸平氏は、サプライチェーンにおいて加工製造以外にさらに六つの段階が存在すると指摘した。その六つの段階とは、製品設計、原材料調達、物流、受発注処理、卸売と最終小売である。単純加工に比べると、これらの六つの段階の付加価値は相対的に高く、利益率も高い。グローバル化の進展、国際分業体制の構築が進められている中で、中国の製造業は付加価値の低い単純加工の段階に置かれ、しかも、他の段階に対する依存度がますます高まり、それらの段階で発生する急激な変化に対応する能力もますます弱まる状況となっている。合俊集団破綻の主要な原因は、それ自身が置かれているこのような立場によるものだと言える。

さらに、このような立場から何とか脱却しようとする合俊集団が採った一連の戦略の失敗にも目を向ける必要がある。その一連の戦略行動は大きく分けて、二つのタイプに分類することができる。一つは玩具製造事業に限定されたもので、もう一つは玩具製造事業以外の事業領域に対して行われたものである。

合俊集団が玩具製造事業領域での戦略調整は主に、生産拡大、ブランド構築と製品セグメントの転換である。まず、生産拡大から言えば、その目的は規模拡大によってさらなるコストダウンを図り、基本的には従来の経営方式と生産活動の延長でしかない。「ドリーム・チーキ」に代表されるブランド構築は、サプライチェーンの他の高付加価値段階への移行と捉えることができる。実際、二〇〇七年から「ドリーム・チーキ」部門は利益を上げ始め、利益率も従来の部門より高かったけれども、合俊集団の他の戦略活動の失敗によってキャッシュ・フローが枯渇し始め、あえなく失敗した。さらに、「ゴールド・ブッシュ社」の買収は、それまでのローエンド製品からハイエンド製品への転換として期待されていたが、残念なことに二〇〇八年に入ってからの合俊集団はもはやそれどころではない状況に既に陥ってしまったのである。

中国鉱業の買収は合俊集団による玩具製造以外の事業領域への進出であり、それまでの戦略行動と大きく異なる。合俊集団はそれを絶好の投機機会と捉え、全く関連性のない事業分野への多角化によるリスクに対する認識は甘かった。一般的に、企業が多角化を進める上で最も重視すべき問題は、企業のコア・コンピタンスをいかに最大限に発揮できるかである。しかし、合俊集団の場合、中国鉱業の買収はそれまでに構築してきたコア・コンピタンスとは全く関連性のない事業であり、それどころか、買収に必要な資金支出は膨大であったため、コア事業までその犠牲となってしまったのである。

低コストを武器に単純加工を中心に急拡大してきた中国の輸出加工型産業は低い利潤に甘んじながら量的な拡大を

ひたすら追い求めてきた。合俊集団のように気がつけば、既にグローバルなサプライチェーンの最も過酷な位置に置かれてしまい、身動きがとれずにいた。慌ててそこから脱却しようにも、結局、基軸となる戦略がはっきりしない中で、戦略の乱発と急激な環境変化に翻弄され、経営破綻に追いやられてしまったのである。

四　輸出加工型産業の発展に対する提言

中国製造業の低コスト構造はいずれ転換期を迎える。長期的には、労働、環境、土地、資源などのコストは必ず上昇する。従って、輸出加工型産業にとって、戦略の転換は避けて通れない課題となっている。輸出加工を行う企業のほとんどは中小企業である。業務範囲や事業分野が広い大企業と違い、それらの中小企業の業務範囲や事業分野は限定されている場合が多い。そのため、それらの企業の戦略転換、または事業転換には大きなリスクを伴い、場合によって失敗に終わる可能性は高い。では、その戦略や事業の転換にとって何が重要なのか。まず、ターゲット市場を再認識する必要がある。それは、決してこれまでの事業分野から脱却すれば良いという話ではない。企業は、これまでの事業分野とターゲット市場を中心にそこで新たな成長ポイントを発見しなければならない。新たな成長ポイントの発見には二つの側面を考慮しなければならない。一つは、既存の事業分野と市場に対する徹底的な分析を行い、さらなる市場細分化を行うことである。既存の技術とノウハウを生かして、より深い専門能力を身につけ、競争力を高めていく。もう一つの側面は、既存の事業分野との繋がりが深い関連分野を見つけ出すことである。その場合、この関連分野は発展の可能性が大きく、しかも、企業が持つ従来の能力を十分に生かせる分野でなければならない。このような関連分野への進出はリスクが比較的小さく、しかも迅速に行うことができる。

そして、企業の戦略転換や事業転換にはタイミングの把握が必要である。過度な経営圧力を抱えている中での戦略、事業転換は経営判断を誤らせることが多い。戦略転換や事業転換の他に、企業は技術革新と経営革新も怠ってはならない。一時的に戦略転換や事業転換を行うだけでは、中長期にわたる企業の競争基盤を強化することはできない。技術革新と経営革新によって競争基盤を強化し、より強固な技術障壁を構築してはじめて追随者の参入を遮断することができる。技術革新に際して、「自社万能主義」、つまりすべて自社開発、自社生産、自前の販売チャネルを構築するという閉鎖的な方法を改める必要がある。オープンな技術開発体制を講じる必要がある。その場合、まず広範にわたる情報収集、技術発展の潮流を把握する必要がある。そして、企業外部の研究開発を活用すべきである。例えば、産学連携、企業間連携の活用がその良い例である。技術の他に、サービス面の革新や生産技術の革新も重要である。特に電子商取引の活用、ネットを介したサービスの提供、現代的な物流方法の活用などに積極的に取り組む必要がある。

企業努力と同時に、政府の政策制定部門によるバックアップ、奨励と誘導も不可欠である。輸出加工型産業は中国に莫大の外貨をもたらし、多くの就業機会を提供したが、同時に様々な社会問題も引き起こしている。その代表例は、資源利用効率の悪さと環境破壊である。中国のＧＤＰは世界全体の四％しか過ぎないのに、毎年、世界全体一五％の淡水、二五％の酸化アルミニウム、五〇％のセメント、二八％の鉄鋼を消耗している。しかも、中国の労働生産性は僅か三・八万元／人しかなく、先進国との差は非常に大きい。輸出加工型産業の構造転換は、中国全体の産業調整と長期発展の観点から見ても必要不可欠である。

政策制定部門は、まず、中国全体の発展及び産業構造調整のビジョンをはっきり示す必要がある。高付加価値産業への転換を図る企業を育成する政策環境を整えるべきである。特に中小企業の発展に必要な市場環境の提供が必要である。市場環境とは、公平、平等に競争できる市場秩序を確立することである。そして、中小企業に対する資金面のバックアップも必要である。現段階、中国における中小企業向け融資にはまだ多くの問題がある。多くの中小企業は銀行による融資しか受けられない。しかも、銀行融資のハードルがかなり高い。合俊集団の事例から銀行融資の難しさがよく分かると言える。市場経済が未発達の段階において、政府によるバックアップは中小企業にとって極めて重要である。民間の資本市場がまだ十分に整備されていない状況の下では、政府による中小企業基金の設立が必要不可欠である。前述のように、輸出加工を行う多くの中小企業は過酷な環境に置かれながら、中国の対外貿易、ひいては中国全体の経済発展にまだ大きな役割を果たしている。今後、中国経済の成長に伴い、産業構造の転換が迫られるに違いないけれども、次のステップにスムーズに移行させるという意味においても、政府としてはそれらの中小企業を取り巻く市場環境の整備や金融面のバックアップなどに真剣に取り組んでいかなければならないであろう。

五　おわりに

二〇〇九年に入ってからも中国の輸出加工型産業を取り巻く環境は依然厳しいままである。合俊集団のような倒産に追い込まれた企業は後を絶たない。このような現実に対して、産業界をはじめ、社会全体が冷静に対処し、原因分析と対策構築に取り組まなければならない。企業としては、積極的に戦略転換を行い、新たな戦略構築を通じて従来の成長モデルからの脱却を模索しなければならない。また、政府の政策制定部門も地域経済及び産業の長期的な発展という視点を持ち、産業全体のビジョン作り、レベルアップを図るための政策作りを推進しなければならない。現段階、世界経済が金融危機の影響を受けて欧米市場が停滞する中で、国内市場の開拓、後発地域の経済発展を図ることは極めて重要な課題となってきている。さらに、珠江デルタ、長江デルタ、膠州湾（山東省）といった地域における伝統的な単純加工を中心とする中小企業の構造転換も早急に図らなければならない。人件費の上昇という要因以外に、これらの地域は長年にわたって経済発展を続けた結果、産業インフラや人材などの面では既にかなり高度化している。今後の経済発展を図る上でより高度な産業の育成は急務となっている。その中で、伝統的な単純加工を中心とした中小企業は徐々に姿を消すことになっていくであろう。いずれにせよ、これまで中国の輸出加工型産業が直面してきた諸問題は、後発国による経済発展、グローバル経済との融合の厳しさを如実に語っており、今後、産業の高度化が進むにつれ、その役割や重要性も徐々に変わっていくに違いない。筆者としては、そのダイナミックに変化していく過程を引き続き注目していきながら、さらなる研究に取り組んでいきたい。

〔注〕

（1）この種の電子玩具は主に児童の想像力や操作能力などを養う知育玩具である。ハイエンドの製品には、言語識別機能も備わっており、今後の玩具市場において大きく成長する可能性が高いとされている。

〔参考文献〕

郎咸平〔二〇〇八〕『サプライチェーンの陰謀：硝煙のない戦争』東方出版社。

雷李平「合俊集団破産前夜：隠されたキャッシュ・フロー」『二一世紀経済報道』二〇〇八年一〇月二一日号。

李域「合俊集団多角化の真偽」『二一世紀経済報道』二〇〇八年一〇月二一日号。

合俊集団上場後のアニュアル・レポート、中間決算報告、発表資料については、香港証券取引所のウェブサイト（http://www.hkex.com.hk）を参照。

第七章　中国多国籍企業の経営倫理に関する一考察

周　衛中

一　はじめに

二〇〇八年九月、中国の食品業界に大きな衝撃が走った。それは、中国国内最大手の粉ミルクメーカーである三鹿グループのメラミン混入事件が発覚したことである。これまでの調査では、三鹿の粉ミルクを使用した子供が腎臓結石などの病気にかかり、六、〇〇〇人以上の乳幼児が発病し、うち三人が死亡し、一五〇人以上が重病に陥り、病院で治療を受けている。事件の真相が明らかになるにつれ、世界各国から中国食品の安全に注目が集まり、業界を揺るがす大事件に発展した。しかしながら、粉ミルクの安全問題は決して今日的な出来事ではなく、数年も前から安徽省の阜陽事件やネッスル社の品質問題などマスコミを賑わしたことは記憶に新しい。

一連の事件は、経済のグローバリゼーションを背景に一国にとどまらず世界範囲で影響を及ぼしており、また事件の背後には多国籍企業の行動も見え隠れする。イワオ・タカ〔一九九七〕によれば、発展途上国の粉ミルクの普及は一九六〇年代ネッスル社やブリストル・マイヤー社などのマーケッティング戦略によるものであり、結果的に途上国における乳幼児の栄養失調や死亡率を高める結果を招いた。さらに、中国国内においては近年、多国籍企業のダブルスタンダードや有害産業の移転などの問題も多発しており、多国籍企業の経営倫理を再考させるきっかけになった。

改革開放政策が実施されてから三〇年間経ち、中国経済は目覚しい発展を遂げてきた。二〇世紀九〇年代から、中国企業の海外進出が目立ちはじめた。中国企業の海外進出に伴い、ホスト国でさまざまな倫理衝突を経験してきた。しかしながら、中国多国籍企業の海外で経験した倫理衝突は先進国のそれと異なる側面がある。

本章は、経営倫理の定義から出発し、中国多国籍企業経営における経営倫理の現実を踏まえつつ、これまでの経営倫理の研究アプローチを整理し、これからの研究の方向性を示そうとするものである。

二　経営倫理とはなにか

経営倫理は英語の「business ethics」の和訳であり、また日本では「企業倫理」、「ビジネス・エシックス」とも訳されている。ちなみに、中国では「business ethics」がほとんどの場合「企業倫理」と訳され、専門用語として定着しつつあるが、その中身は企業経営にとどまらず、政府、医療機関、ＮＧＯ、ＮＰＯなどあらゆる組織の倫理問題を含むことは確かである。

ひとくちに経営倫理とはいっても、その定義は必ずしも一様ではない。また、研究者によっては、研究関心の相違によって経営倫理についての理解が異なることは、容易に察しうる。ここでは、「経営」、「倫理」の語源から「経営倫理」の意味を掘り下げ、その定義を提示する。

「経営」の語源は『詩・大雅・霊台』の「経始霊台、経之営之」に遡るといわれる。元来、「経度営造」という意味であったが、徐々に「計画・運営」、「芸術的構想」などの意味が加えられる（『辞海』）。日本では、「経営」が一般的に、「継続的・計画的に事業を遂行すること、またそのための組織」と解釈される（『広辞苑』）。

「倫理」の「倫」は「人と人の関係」を意味し、関係性を表す概念である。また、「理」の意味は合理性、効率性である。従って、「倫理」は元来、「関係性」、「効率性」を同時的に内包する概念である。

組織を継続的・計画的に事業を遂行する経営体と理解すれば、「経営倫理」は次のように定義できよう。すなわち、経営倫理とは継続的・計画的に事業を遂行する経営体の活動において、同時的に関係性と効率性を追い求めるための行動指針である。

以下、多国籍企業という経営体において、中国でどんな問題が生じ、どのように研究されてきたかについて述べる。

三　中国多国籍企業における経営倫理の問題

これまで、多国籍企業における経営倫理の問題はさまざまな角度から論じられ、多国籍企業は世論の批判対象になりがちである。多国籍企業は国を跨って経営活動を行う以上、母国やホスト国、さらに第三国が存在しており、経営倫理の捉え方が異なるのは必然的であろう。ここでは、中国企業の海外進出の動機を明らかにしたうえで、現在中国多国籍企業が直面している経営倫理上の問題を整理する。

一　中国企業海外進出の動機

中国企業海外進出の動機について、次の五つに分類できると考えられる。すなわち、①貿易代替型、②資源追求型、

③技術獲得型、④市場拡大型、および⑤外交型である。

①貿易代替型

一九八〇年代から、中国企業が国際化の道を歩みはじめた。当時、中国企業の海外進出は製品の輸出が中心的だった。しかし、中国製品が欧米を中心に反ダンピングに遭い、一部の国では中国製品に対し、関税の引き上げなどの措置が取られる結果となる。そこで、貿易摩擦を緩和するため、アパレルや雑貨などの分野で中国企業は海外直接投資（ＦＤＩ）などによる海外進出に踏み切らざるをえなかった。現地で生産、販売することにより、ホスト国の批判をかわすと同時に、税制などの面で優遇政策を受ける狙いがあるのは明らかである。

②資源追求型

改革開放以来、中国経済は高い成長率を維持し、急速な発展を遂げてきた。経済発展に伴い、資源やエネルギーの使用量が必然的に増える。石油、鉱山、天然ガスなどの資源を獲得するため、中国海洋石油、中国石油化工、宝山鉄鋼などの大手国有企業はロシア、中東、オーストラリアなどでＭ＆Ａを行ってきた。これら企業の海外進出は、資源の安定的供給を確保し、価格交渉を有利に進めることを目的としているが、国有企業であるがゆえに、買収がホスト国政府に認可されないケースもしばしばある。

③技術獲得型

二〇世紀七〇―八〇年代、日本や韓国企業は技術獲得を目的とした海外進出が目立った。中国企業の海外進出の動機は業種によって異なるが、技術獲得は重要なウェイトを占めている。海外投資により、最新の技術動向を把握し、国際競争で生き残りを図るのは、電気製品やＩＴ関連の分野で共通の目標であった。

また、中国企業は海外進出により、技術を獲得すると同時に、ブランドなどの無形資産を手に入れ、国際的な知名度を高めることも期待される。その典型的な例は、中国のパソコンメーカー、レノボー社がＩＢＭのＰＣ事業を買収したケースである。

④市場拡大型

中国は、一三億もの人口を抱えており、市場スケールの大きさがしばしば指摘されるが、業種によっては国内競争が激しく、中国企業は積極的に海外へ市場を求める動きがみられる。自動車産業はその一例であろう。現在、中国国内の自動車販売量は、アメリカを抜き世界一を誇っているが、その大半は外国メーカーとの合弁会社が占めている。その一方で、吉利汽車、奇瑞汽車などの中国メーカーは、中東やアフリカなどで市場開拓に力を入れている。

⑤外交型

多国籍企業経営の歴史をみれば分かるように、経済活動の背後には常に政治的意図が見え隠れする。中国多国籍企業もその例外ではない。特に、中国は台湾問題を抱えており、いかに台湾の独立を阻止するかが政治上の至上命題である。そこで、中国企業の海外進出は、中南米や南太平洋諸国の経済発展を支援し、台湾支持の基盤を切り崩す役割を果たす側面がある。それらの中国企業は農業や水産、および建設業に集中しており、企業の所有形態は国有企業である。

図表7-1　中国企業海外進出の動機別特徴

動　機	所有形態	規　　模	業　　種	ホスト国や地域
貿易代替型	国有、集団所有、民営	中小	アパレル、雑貨	先進国
資源追求型	主として国有	大	石油、鉱山、天然ガス	ロシア、オーストラリア、中東、南米
技術獲得型	国有、民営	大、中	電気製品、ＩＴ関連	先進国
市場拡大型	国有、民営	大、中、小	自動車	中東、アフリカ
外　交　型	国有	大	水産、農業、建設	中南米

出所：筆者作成。

図表7－1は、中国企業海外進出の動機別特徴を簡単にまとめたものである。この表から分かるように、海外進出企業の所有形態や規模、業種、ホスト国や地域の選別は動機によって異なる。

二　中国多国籍企業の倫理問題

これまで、多国籍企業経営倫理の問題は先進国の多国籍企業を中心に議論されてきた。発展途上国であることに加え、中国企業の多国籍経営の規模が小さいため、経営倫理問題がまだ注目されていないことは事実であろう。ここでは、まず先進国の多国籍企業の経営倫理上の問題を指摘し、中国多国籍企業に生じる経営倫理の課題を挙げることとする。

①先進国における多国籍企業の倫理問題

先進国の多国籍企業の経営倫理の問題は次のポイントに集約できる。すなわち、a．問題となるマーケッティング手法、b．振替価格による企業内部取引、c．有害産業の移転、d．贈収賄、およびe．政治への介入である。

a．問題となるマーケッティング手法

問題となる多国籍企業経営のマーケッティング手法は製品のダブルスタンダード、価格設定、プロモーションなどの側面にあらわれ、消費者をミス

リーディングすることによって最大利潤の追求に一役買っている。

まず、製品の倫理問題は品質、アフターサービスなどのダブルスタンダードにある。途上国の消費者は多国籍企業の製品に高い信頼性を抱いており、安心して購入できると信ずる。しかし、途上国で販売される製品の品質は先進国のそれと異なる場合がしばしばある。一部の多国籍企業は母国ですでに淘汰された技術を途上国に移転させ、生産を継続させる。しかも、コスト削減のため低品質の原材料を使用する。このようなやり方では品質が保証されるわけはない。近年、中国ではネッスル社、ケンタッキー社などの品質問題が頻発している。先進国では通常、品質問題が発生すれば、多国籍企業はリコールや賠償などの措置を講ずるが、途上国では賠償を阻み、責任から逃れようとする傾向がある（憑巨章〔二〇〇六〕）。

製品のダブルスタンダードは設計、包装、取扱説明書までおよぶ。先進国では、製品の設計、包装、取扱説明書について厳格な規定があり、多国籍企業は敢えて違反しようとしない。しかし、途上国の市場では法律の不備をついて設計、包装および取扱説明書でコストを削減するためそれらを簡略し、結果的に消費者の利益を侵害することになる。

次に、多国籍企業の差別的な価格設定が問題である。それは二つの側面を含んでいる。ひとつは価格を高く設定し、途上国の消費者に高い値段でブランドを買わせる戦略であり、もうひとつは価格を低く設定し、多国籍企業の規模や資金力で市場シェアを拡大し、独占的な地位を築く戦略である。前者については、ナイキやアディダスなどのスポーツメーカーは中国国内で同様な戦略を実施している例があり、後者については、一九九六年から一九九八年韓国のサムソンが中国市場でシェア拡大のため、三年間で二・五億ドルの損失を容認する話は有名である（憑巨章〔二〇〇六〕）。いずれにせよ、差別的な価格設定の目的は多国籍企業の利潤最大化であり、現地企業や消費者からすれば不公平である。

さらに、多国籍企業の途上国におけるプロモーションにも問題がある。市場競争の激化に伴い、多国籍企業は豊富な資金力を背景に途上国のメディアで集中的に宣伝活動を展開するようになる。広告の中には虚偽の内容や過大宣伝などの問題があり、消費者をミスリーディングすることがしばしばある。

b．振替価格による企業内部取引

振替価格は多国籍企業内部取引の際用いる価格体系であり、グローバル戦略の一環である。振替価格が国際市場の動向にほとんど影響されないことから、多国籍企業は往々して価格を操縦し、取引の規模や利潤を隠し、脱税を企てる。また、多国籍企業が「タックス・ヘイブン」という租税回避地にペーパー・カンパニーを設立し、グループ全体の法人税支払額を引き下げる手法もとってきたことは紛れもない事実である。

確かに、振替価格による企業内部取引は途上国の法律違反に当たらない場合があり、一見合法的な経営活動のようにみえる。しかし、イワオのいうように、「たとえそれが合法的なものであったとしても、またそうすることが私的企業の合理的な行動であったとしても、良識あるひとはこれを多国籍企業の注目すべき一面として称賛しはしない。むしろ法や制度の盲点をついてさまざまな節税戦略をあみ出していく悪意に満ちた存在と批判しよう」（イワオ〔一九九七〕、二一〇頁）。

c．有害産業の移転

有害産業とは、生産過程で規制しなければ直接的あるいは間接的に大量の汚染物を発生する業種のことである。生産や販売の段階で有害産業が先進国から途上国に移転される。有害産業移転の典型的な例は、環境汚染の恐れのある産業が急速に先進国から発展途上国へ移ることである。先進国では環境汚染に対する規制が厳しくなり、また市民の環境保護意識が高まるにつれ、そういった産業が生き残れなくなる。その一方で経済発展を優先する途上国は法的規制が不十分であり、先進国の有害産業移転の受け皿になった。

グリーンピースの報告によれば、毎年五、〇〇〇万トンもの産業廃棄物が先進国から途上国へ移転している。これら廃棄物の発生地は先進国、もしくは新興工業国であり、途上国の生態を脅かすだけでなく、途上国の対外貿易を妨害する結果となった（劉淑琪〔二〇〇一〕）。

また、二〇〇五年『京都議定書』の批准により、先進国の温暖化ガスの排出量が義務付けられ、資源消費型産業、高排ガス産業の途上国への移転がより顕著になった。繊維産業をみれば分かるように染色などの産業はほとんど途上国に集中しており、多国籍企業は高付加価値部分だけを先進国に残す戦略をとってきた。地球規模のエコ観点からこれら多国籍企業の経営行動は注目すべきことである。

d．贈収賄

多国籍企業は国をこえて経営活動を行う以上、それぞれの国の法律や商慣行を遵守しなければならない。もちろん、贈収賄はあらゆる国で犯罪行為である。しかし、多国籍企業は途上国の市場への進出を図る際、贈賄を働くことにより政府の認可などを取りつけることがしばしばある。特に腐敗が横行する一部の国では、権力者への贈賄によってさまざまな利得をえることが容易であり、多国籍企業の贈賄の温床になっている。

多国籍企業の贈収賄について注目すべきことは二つある。ひとつは違法ではないが、小額の金品もしくは贈答品を役人に渡すことで便宜を図ってもらうことであり、もうひとつは仲介業者を通じて贈賄を働き、罪から逃れることである。

e．政治への介入

近代の歴史を振り返れば、多国籍企業による政治への介入がたえることなく行われてきたといっても過言ではない。

一九一〇年、「チキータ」というブランドで有名なユナイテッドフルーツはホンジュラスの進出にあたり、J・P・モーガンの経営する企業と競争入札を行うこととなった。ところが、「ホンジュラス侵攻」という政変が勃発し、入札が中止され、ユナイテッドフルーツ社が難なくその仕事を手に入れた。しかし、この事件に関してマスコミは政変がユナイテッドフルーツによるものだったと非難した。事件後、同社は企業イメージの改善に努めたが、一度塗られた汚名を拭いさることは決して容易ではなかった（イワォ〔一九九七〕）。

二〇〇八年四月、北京オリンピックの聖火リレーがパリで妨害され、中国国内でフランス商品の不買運動が起こった。中国に進出しているカルフールは批判の矛先になった。なぜならば、カルフールの大株主であるLVMHグループがダライ・ラマを支援しているとの情報がインターネットやチェーンメールで流れたからである。カルフールは懸命に釈明に努めたが、不買運動は五月まで続いた。

②中国多国籍企業の倫理問題

中国多国籍企業の経営倫理について、先進国ほど体系的なものはないが、次の三点がよく指摘される。それは、a．現地企業との関係、b．クロスカルチャーのマネジメント、およびc．政治への介入である。

a．現地企業との関係

二〇〇四年九月一六日、スペインのバレンシア州アリカンテ県エルチェ市の工業団地内において、靴製造関連の企業主や労働者ら約四～五〇〇人が参加したデモが行われ、中国系企業の靴倉庫が投石を受け、放火されるという事件が発生した。中国製の安価な靴が大量にスペイン国内に輸入され、その安価な靴に市場を奪われるかたちで、労働者が職を失うことになったことが、今回の事件の背景にある。この衝撃的な事件は、中国企業の海外進出の困難性を物語っている。ある中国人学者は、スペインの放火事件は偶発的なものではなく、アパレル全体について同様な危険性があると警鐘を鳴らす。

放火事件は、貿易摩擦を象徴する出来事であると同時に、中国多国籍企業の経営倫理を再考するきっかけにもなる。つまり、海外で経営活動を行う以上、合法経営を遵守すると同時に、現地企業や労働組合と良好な関係を保たなければならず、単なる利潤追求ではなく社会的貢献活動を通じてグローバルなレベルで社会的責任を果たすことは中国多国籍企業に求められる。

b. クロスカルチャーのマネジメント

多国籍経営の経験が浅いことから、中国の多国籍企業はクロスカルチャーのマネジメントのノウハウがまだ蓄積していないとみてよい。一方で、クロスカルチャーのマネジメントの重要性が認識されつつある。二〇〇八年、ある機構は中国多国籍企業従業員に対し、文化衝突について調査を行った。その結果によれば、九〇・七％の従業員が企業内で文化衝突の存在を意識し、九一・二四％の従業員がそれら文化衝突がすでに企業経営に影響を及ぼしたと考えるという。

中国企業が海外で事業を展開する際、遭遇するクロスカルチャーの課題は次の三つにまとめることができる。一つ目は、中国企業の上層部が往々にして中国的な経営手法を海外に持ち込みたがることである。任彦ら〔二〇〇六〕は、中国企業の上層部は自らの権威を意識し、会議などで席次を厳格に決めることなど、部下に不愉快な思いをさせることがしばしばあると指摘する。二つ目は、ホスト国の文化について理解が足りない点である。たとえば、勤勉、節約や規律正しさが中国では美徳とされるが、国や地域によってはワークホリデー、ケッチ、傲慢と認識されることもある。また、ある中国のビジネスマンがラマダンの時期に中東へ行き、商談を行おうとしたが、結局門前払いにされた。

三つ目は、異文化適応へのサポート体制の欠如である。海外で異文化に適応していくためには、企業単独での努力には限界がある。日本やアメリカで政府、企業、シンクタンクなどで異文化コミュニケーションに関する研究が盛んに行われ、自国企業の海外進出の手助けとなっているのに対し、中国ではまだそういう面でのサポート体制が整っておらず、学術研究の成果が経営実践に活用される余地がある。

c．政治への介入

冷戦時代が終わったとはいえ、イデオロギーや宗教などさまざまな対立が残っており、多国籍企業の活動に内政干渉のようなことが生じれば、新たなコンフリクトを生む結果となる。近年、中国企業の中南米やアフリカへの投資が増加しており、明白な政治的、外交的な意図がないにせよ、そういった敏感な国や地域では政治への介入の疑念がもたれる。中国政府は内政不干渉を重要な外交理念に掲げており、健全な多国籍経営を行っていくためには、政治介入の疑念を払拭できるような努力が必要になってくるだろう。

四　中国多国籍企業の経営倫理への研究アプローチ

多国籍企業の経営倫理の問題が一九七〇―一九八〇年代から顕著になったとみることができるが、経営倫理研究それ自体は経営学の歴史とともに古い。経営倫理が最初に議論されたのは経営哲学の領域であり、テーラーの説く「労使双方の心理的革命」がまさに経営倫理の課題でもある。その後、Oliver Sheltonが一九二四年に『経営哲学』と題する書物を世に出し、経営哲学研究は一時期隆盛をみるが、アメリカにおいては一九五〇年代から経営哲学の研究は経営倫理の領域に収斂されていったといわれる。

多国籍企業の経営倫理の研究はここ一〇数年盛んに行われるようになった。これまでの研究にはシェアホルダー・アプローチ、ステークホルダー・アプローチ、経営原理アプローチ、国際倫理基準・アプローチなどがあるが、中国国内では、多国籍企業の経営倫理に関する研究は、多国籍経営の倫理リスク、クロスカルチャー・マネジメント、および企業の社会的責任に集中している。

一　多国籍経営の倫理リスク

中国企業の多国籍経営研究は、歴史的にみて比較的に遅れている。一九七九年以降、対外貿易の進展に伴い、理論界は中国企業の多国籍経営に目を向けはじめた。最初の研究は、中国企業の多国籍企業経営の必要性、または可能性に関するものが多かった。政府の貿易振興政策やＷＴＯ加盟により、中国の多国籍企業はこの二〇年間、急速な発展を遂げてきたが、規模や経営ノウハウなどの面でまだ先進国に遅れをとっていることも否めない事実である。本格的にグローバルな経営活動を行う中国企業が少ないがゆえに、中国企業の多国籍企業に関する研究も不十分だといえる。

これまで中国企業の多国籍経営に関する文献を整理してみると、次の特徴が浮き彫りになる。すなわち、研究は中国企業の多国籍企業として存続するための基本的課題に集中しており、存続より高次元の経営倫理についてあまり触れてこなかった。中国企業の経営自主権の欠如、規模不足、融資の困難性、コア・コンピタンスおよび人材不足などの課題を指摘する文献が多数ある一方、日本やアメリカの多国籍企業の経営倫理に関する取り組みを紹介する研究も数少ないながら存在する。しかしながら、先進国の多国籍企業経営の経験が長く、経営ノウハウの蓄積が豊富なことに鑑み、それらの事例を用いながら中国の多国籍企業にどれだけのヒントがあるかは、疑問視せざるをえない。

余潇枫、張彦〔二〇〇六〕は、中国企業の多国籍経営における倫理リスクを次の点にまとめた。それは、①合法性、正当性を含む合法経営の倫理リスク、②ホスト国企業との競争における倫理リスク、つまり中国企業が現地でホスト国企業と同様な倫理リスクがあるか否か、②人的資源管理の倫理リスク、すなわち中国企業が現地で経営活動を行う際、現地従業員の倫理基準、もしくは職業上の道徳準則に違反しないか、③国を跨る汚職や腐敗のリスク、④環境問題に関するリスク、および⑤文化や風土の違いから生じる倫理リスク、である。

二　クロスカルチャー・マネジメント

多くの研究者は、中国多国籍企業の経営倫理の諸課題が主として文化の違いから生じるものと認識する。竇莉梅〔二〇〇四〕は、民族の違いにより多国籍企業に価値観や行動様式の差異が生まれ、企業内で文化の衝突を引き起こす場合がある。文化の相違は、国家文化、企業文化、および個人文化など三つのレベルに分類でき、具体的には経営方針、リスク意識、責任主体意識、思考の慣習、業績志向、価値観、管理制度、経営思想、および人事政策の面で表われる。

文化の差異と衝突がいかに中国多国籍企業の経営活動に影響を与えるかについて、陳立新〔二〇〇四〕は、文化の衝突が中国企業と外国企業との協力関係を損ない、市場の喪失を招き、組織の効率を低下させると同時に、中国企業のグローバル戦略を困難な状況に陥れたと指摘する。

では、いかに文化の差異による倫理衝突を解決するか。多くの研究者は一致して指摘するのは、中国の多国籍企業が経済のグローバリゼーションを背景に、文化の多様性を尊重しつつ、企業の倫理体系を構築しなければならないことである。郝琴〔二〇〇七〕は、中国の多国籍企業が経営活動において文化の差異を識別し、クロスカルチャーのマネジメントを実践し、共通の経営観を打ちたて、経営文化のイノベーションを図らなければならないと主張する。

三　多国籍企業の社会的責任

中国多国籍企業の経営倫理を研究する場合、ステークホルダー概念を枠組みにした企業の社会責任（ＣＳＲ）が焦点になっている。ステークホルダー・アプローチは、企業が株主、従業員、サプライヤー、顧客、地域社会、さらに競争相手といった権利と義務を有する利害関係者によって関係付けられると主張する。経営陣の役割は株主利益の最大化ではなく、時に対立しうるステークホルダー間の利害を調整することである、とする考え方がフリーマンによって唱えられた（田島〔二〇〇七〕）。

ステークホルダー・アプローチは、企業は利潤の追求のみならず、ある種の義務、権利関係を社会と結んでいるとする「社会契約説」を根底にもつ考え方であり、のちに企業の社会的責任論（ＣＳＲ）やコーポレートガバナンスの議論でも用いられることになる。

中国全人代副委員長の成思危は、企業の社会的責任の重要性について次のように述べたことがある。

「経済のグローバリゼーションを背景に、企業の社会的責任は企業の道徳水準を評価する基準となるばかりではなく、国際市場への入場券でもある。中国企業が国際経営の道を歩み始めたところ、欧米や日本など先進国の社会的責任基準の壁にぶつかる。社会的責任の基準を満たしているか否かは、市場参入の切符となっている。したがって、企業の社会的責任はすでに逆らうことのできない国際的な流れとなってきた」（成思危〔二〇〇八〕）。

龍雲安〔二〇〇七〕は企業の社会的責任の重要性を強調する。龍によれば、中国多国籍企業がますます激化するグローバル競争に直面しており、まず実力をつけなければならない。それと同時に企業の社会的責任を重視し、社会貢献活動を通じ自らの倫理イメージを樹立しなければならない。その具体的な方策として、龍は、経営陣の社会的責任に関する認識を強化させ、社会的責任への投資を行うために、社会的責任ファンドを設立し、「社会力」を主とするコア・コンピタンスを構築することをあげている。

ステークホルダーの枠組みで、中国企業の多国籍経営における母国とホスト国の利害関係は多くの研究者の関心を集めている。一般的な考え方として、母国の利害関係からすれば、個別多国籍企業の利潤の最大化は必ずしも母国の社会利益や効率の最大化ではない。また、個別企業の投資効果の最大化は、あながち母国の社会効用の最大化に結びつかない。そのため、中国企業の多国籍経営に関する政策を制定する際、企業レベルの利害関係のみならず、国レベルの効果をも考慮に入れなければならない。言い換えれば、母国の損得関係が中国企業の多国籍経営の出発点である。

五　おわりに

上述のように、中国多国籍企業における経営倫理に関する研究はさまざまなアプローチで行われてきた。これまでの研究成果が多国籍企業の経営倫理研究の土台になっており、同領域の研究を促進してきたことはいうまでもない。ここでは、中国多国籍企業における経営倫理の問題を取り上げる際、有益であろう視点をいくつか指摘し、結びにかえる。

まず、多国籍企業の経営倫理を研究する場合企業本質論的なアプローチが必要である。企業あっての経営倫理である限り、企業とは何かについて徹底的に問い直し、経営倫理のあり方を究明する必要があろう。その場合、経営哲学的な観点から多国籍企業の経営倫理に接近する必要がある。

次に、多国籍企業の経営倫理を考える際、途上国にもたらす悪影響が注目されがちだが、その一方で多国籍企業が経済発展や異文化コミュニケーションの促進など積極的な役割を果たしてきたことも否めない。従って、多国籍企業の経営倫理をより包括的な観点から再考する必要があり、多国籍企業が加害者、途上国が被害者という構図から脱却し、人類全体の発展という視点からのアプローチが求められよう。

さらに、経営倫理が組織文化に密接にかかわることから、組織文化を踏まえたうえで多国籍企業の経営倫理のあり方を究明する必要がある。個人主義対集合主義の比較文化論的な視点で人間、組織の本質を捉えるには限界があり、これから間人主義を代表とする東洋文化は世界に向かって発信していく必要がある。

最後に、経営者倫理が経営倫理を構成する重要な要素であり、多国籍企業の経営倫理研究が経営者のキャリアー、倫理観の形成にスポットを当てることが求められよう。経営者のキャリアーと経営倫理の関係を明らかにできれば、多国籍企業の経営者選抜に寄与し、ひいては経営倫理をより健全なものにできるものと思われる。

〔参考文献〕

Jame E〔2001〕. *Post Global Corporation Citizenship: Principles to Live and Work by* Business Ethics Quarterly, 12 (2), pp.143-153.

小笠原英司〔二〇〇四〕『経営哲学研究序説』、文真堂。

水谷雅一〔一九九四〕「経営倫理学の必要性と基本課題」、『日本経理倫理学会誌』第一号。

田島慶吾〔二〇〇七〕『現代の企業倫理』、(株)大学教育出版。

岩井克人〔二〇〇三〕『会社はこれからどうなるか』、平凡社。

イワオ・タカ、トーマス・ドナルドソン〔一九九七〕「多国籍企業とビジネス・エシックス」、『駒沢学際ジャーナル』第五巻第二号。

陳立新（二〇〇四）「クロスカルチャー・マネジメントのわが国企業の多国籍経済活動への影響」、『商業時代』二〇〇四年一二月号。

竇莉梅（二〇〇四）「多国籍企業の倫理構造について」、『固原師範専科学校学報』第二五巻第五期。

憑巨章（二〇〇六）「多国籍企業のマーケッティングにおける経営倫理の課題」、『学術論壇』第八号。

郝琴（二〇〇八）「中国多国籍企業のクロスカルチャー・マネジメントに関する分析」、『中小企業管理と科学技術』二〇〇八年第二号。

李遠（二〇〇一）「わが国企業多国籍経営の解決すべき課題」、『全球科技経済瞭望』二〇〇一年一〇月号。

劉洪祥、竇鴻慰（一九九四）「わが国多国籍企業の政策的選択」、『経済導刊』一九九四年一月号。

劉淑琪（二〇〇二）「外資誘致における汚染移転問題に関する研究」、『山東財政学院学報』第一号。

龍雲安（二〇〇七）『多国籍企業の社会的責任研究』、四川大学学位論文。

余瀟枫、張彦（二〇〇六）「多国籍企業の倫理リスクと解決法」、『求索』二〇〇六年三月号。

周祖城（二〇〇五）『企業倫理学』、清華大学出版社。

周祖城、張興福（二〇〇七）『経営倫理学導論』、上海人民出版社。

■執筆者紹介

孫飛舟（そん　ひしゅう／はしがき、第５章）
（奥付、参照）

中橋國藏（なかはし　くにぞう／第１章）
大阪商業大学総合経営学部教授。1941 年生まれ。神戸大学大学院経営学研究科博士後期課程中退、修士（経営学）。神戸大学、小樽商科大学、神戸商科大学（現、兵庫県立大学）などに勤務後、2006 年より現職。主著に『経営戦略論の発展』（単著、兵庫県立大学経済経営研究所、2005 年）、『経営管理の理論と実際〔新版〕』（共編著、東京経済情報出版、2003 年）、『経営戦略の基礎』（共編著、東京経済情報出版、2008 年）、など。

古沢昌之（ふるさわ　まさゆき／第２章）
大阪商業大学総合経営学部教授。1964 年生まれ。関西学院大学大学院商学研究科博士課程後期課程単位取得満期退学、博士（経営学、兵庫県立大学）。（財）関西生産性本部課長（（財）日本生産性本部認定経営コンサルタント）、大阪商業大学専任講師、准教授を経て 2008 年より現職。主著に『グローバル人的資源管理論』（単著、白桃書房、2008 年、第 37 回日本公認会計士協会学術賞――ＭＣＳ賞受賞･第１回多国籍企業学会賞受賞）、「格蘭仕（ギャランツ）のビジネスモデル」（安室憲一他編著『ビジネスモデル・シンキング』文眞堂、2007 年所収）、「グローバル企業の人的資源管理」（安室憲一編著『新グローバル経営論』白桃書房、2007 年所収）、「日本企業の海外派遣者に対する人的資源管理の研究」（大阪商業大学商経学会『大阪商業大学論集』第６巻第３号、2011 年所収）、など。

安熙錫（あん　ひすく／第３章）
流通科学大学商学部教授。1965 年生まれ。慶應義塾大学大学院商学研究科博士後期課程修了、博士（商学）。流通科学大学商学部専任講師、助教授を経て 2007 年より現職。主著に「コーポレート・ガバナンスの国際比較」（岩崎正洋・田中信弘編『公私領域のガバナンス』東海大学出版会、2006 年所収）、「移動体通信企業の国際化戦略――韓国の事例」（流通科学大学学術研究会『流通科学大学論集――流通・経営編』第 22 巻第１号、2009 年所収）、など。

崔圭皓（ちぇ　きゅほ／第 4 章）
大阪商業大学総合経営学部専任講師。1966 年生まれ。神戸商科大学大学院経営学研究科博士後期課程単位取得退学、修士（経営学）。2007 年より現職。主著に「企業の国際化」（関智宏編著『現代企業論』実教出版、2008 年所収）、「音楽ビジネスの新展開――デジタル音源配信ビジネスを中心に」（大阪商業大学商経学会『大阪商業大学論集』谷岡学園創立 80 周年記念号、2009 年所収）、「韓国映画ビジネスの変遷に関する一考察」（大阪商業大学商経学会『大阪商業大学論集』第 6 巻第 2 号、2010 年所収）、など。

林嵩（Lin Song ／第 6 章）
中央財経大学商学院（中国北京市）副教授。1979 年生まれ。清華大学経済管理学院博士後期課程修了、博士（管理学）。中央財経大学商学院講師を経て 2008 年より現職。主著に『起業戦略――コンセプト、ビジネスモデルとパフォーマンス・アップ』（単著、中国財政経済出版社、2007 年）、『起業学――理論と実践』（共著、清華大学出版社、2008 年）、『チャンピーのニュー・マーケティング』（単独翻訳、James A. Champy (2009) *Inspire! Why Customers Come Back*、中国人民大学出版社、2009 年）、など。

周衛中（Zhou Weizhong ／第 7 章）
中央財経大学商学院（中国北京市）教授。1968 年生まれ。明治大学大学院経営学研究科博士後期課程修了、博士（経営学）。中央財経大学商学院専任講師、副教授を経て 2010 年より現職。主著に「創業と創業教育の革新」（藤井耐、李俊生編『企業成長要因に関する日中企業比較』白桃書房、2007 年所収）、「飯野―加藤論争からみるバーナードの組織概念」（『管理世界』（中国）、2009 年第 11 期所収）、“Corporate Social Responsibility of SOEs in China: Practice and Issues”, *Meiji Business Review,* Vol.58, No.1, 2010、など。

■編著者紹介

孫飛舟（そん　ひしゅう）

大阪商業大学総合経営学部教授。1970年生まれ。神戸商科大学大学院経営学研究科博士後期課程修了、博士（経営学）。大阪商業大学総合経営学部専任講師、准教授を経て2010年より現職。主著に『自動車ディーラーシステムの国際比較』（単著、晃洋書房、2003年）、『転換期の中国自動車流通』（共著、蒼蒼社、2007年）、「中国自動車販売におけるグローバル競争と民族系の発展」（上山邦雄編著『調整期突入！巨大化する中国自動車産業』日刊自動車新聞社、2009年所収）、「転換期を迎える自動車産業――地方市場の開拓と中古車取引を中心に」（佐々木信彰編著『構造転換期の中国経済』世界思想社、2010年所収）、など。

転換期を迎える東アジアの企業経営
――組織イノベーションと戦略転換――

比較地域研究所研究叢書　第十一巻

2011年3月15日　第1版第1刷発行

編著者　孫　飛　舟
発行者　橋　本　盛　作

〒113-0033　東京都文京区本郷5-30-20
発行所　株式会社御茶の水書房
電話　03-5684-0751

Printed in Japan

組版･印刷/製本　株式会社タスプ

ISBN978-4-275-00914-2　C3034